# ସାଧବ ଝିଅ

# ସାଧବ ଝିଅ

**sadhaba jhia**

ମାୟାଧର ମାନସିଂହ

Mayadhar Mansinha

BLACK EAGLE BOOKS
2020

BLACK EAGLE BOOKS

USA address: 7464 Wisdom Lane, Dublin, OH 43016

India address: E/312, Trident Galaxy, Kalinga Nagar,
Bhubaneswar-751003, Odisha, India
E-mail: info@blackeaglebooks.org
Website: www.blackeaglebooks.org

Publication history of Sadhaba Jhia.
The first poem of this book was published in the literary journal *Utkala Sahitya* in 1930.
The book *Sadhaba Jhia* was published in 1946 by Students Store, Cuttack.
The 1964 edition of Mansingh Granthabali (Collected Works) Vol II, included *Sadhaba Jhia*, was published by Grantha Mandira, Cuttack & Berhampur.
*Sadhaba Jhia*, with an added commentary by the noted scholar Dr. Sricharan Mohanty, was published in the 1999 edition of the Mansingh Granthabali, vol. IV.
*Sadhaba Jhia*, was reprinted as a separate book by Grantha Mandira in 2006, with a new, substantive commentary by Dr. Sricharan Mohanty.

This International Edition, prepared by The Mansingh Trust, is based on the 2006 edition. The assistance and encouragement Shri Manoj Kumar Mohapatra of Grantha Mandir is herewith gratefully acknowledged.

### Sadhaba Jhia by Mayadhar Mansinha

Copyright © **The Mansingh Trust**

The logo shows a lighted lamp under a lotus flower, with crossed sword and a quill pen in front. The logo was used by Mayadhar Mansinha on many of his books.

All rights reserved. No part of this publication may be reproduced, stored in a retrieval system, or transmitted, in any form or by any means, electronic, mechanical, photocopying, recording or otherwise without the prior permission of "The Mansingh Trust".

Cover: Jyotiranjan Swain
based on a painting by Master Craftsman Bijay Kumar Parida

Interior Design & Typeset in Odia font Akruti Orisarala by Ezy's Publication

ISBN- 978-1-64560-066-4 (Paperback)

Printed in United States of America

## ସୂଚୀପତ୍ର

ଭୂମିକା / ୭
ସାଧବ ଝିଅ / ୯
ସାଧବ ଝିଅ ଓ କବି ମାନସିଂହ / ୫୯

ସାଧବଝିଅ

# ଭୂମିକା

ସାଧବଘରର ବୋହୂ ଓ ଝିଅମାନଙ୍କର କାରୁଣ୍ୟରସରଞ୍ଜିତ ଲୌକିକ କାହାଣୀ କେଉଁ ଓଡ଼ିଆର ଶୈଶବକୁ ମଥିତ ନ କରିଛି ? ସାଧବର ସାତପୁଅ ବଣିଜ କରିବାକୁ ଅନନ୍ତ ସମୁଦ୍ରରେ ଜାହାଜ ଭସାଇଦିଅନ୍ତି । ସଦ୍ୟ ଗୃହାଗତା ସବା ସାନ ବୋହୂଟିର ବିରହ-ବିଧୁର ଅବ୍ୟକ୍ତ ମର୍ମବେଦନା କେହି ବୁଝି ମଧ୍ୟ ବୁଝନ୍ତି ନାହିଁ । ସେ ନଈକି ଗାଧୋଇବା ପାଇଁ ଯାଏ; କିନ୍ତୁ ମାଠିଆ ପାଣିରେ ଭସାଇଦେଇ କାହାପାଇଁ ଅନାଇ ରହେ ? ତାର ନାବିକ-ପ୍ରିୟ ଯେ ସେତେବେଳେ ଦୂରଦୂରାନ୍ତର କେଉଁ ଅଜଣା ଦେଶର କେଉଁ ଜନଗହଳ ଘାଟରେ ବାଣିଜ୍ୟବ୍ୟସ୍ତ ।

'ତଅପୋଇ' ଗପରୁ, 'ଭ୍ରମରବର ପାଲା' ରୁ ଓ କେଉଁ କେଉଁ କାବ୍ୟ କବିତାରୁ ଉତ୍କଳର ଇତିହାସ-ନିବନ୍ଧ ସମୁଦ୍ର-ବାଣିଜ୍ୟର ପାରିବାରିକ ଦିଗର କରୁଣ ଛବି ମୋ

ଚିତ୍ତକୁ ବାଲ୍ୟକାଳରୁ ସ୍ପର୍ଶ-ଚଞ୍ଚଳ କରିରଖିଥିଲା। ସେହି ରୂପକଥାର ନରନାରୀମାନଙ୍କୁ ନୂତନ ଓଡ଼ିଆଭାଷାରେ ନୂତନ ରୂପରେ ଉଜ୍ଜୀବିତ କରିବାର ଆସ୍ପର୍ଦ୍ଧା ଫଳରେ ମୁଁ ପ୍ରାୟ ୧୬ବର୍ଷ ତଳେ, କଲେଜରେ ଛାତ୍ର ଥିଲା ସମୟରେ, ପ୍ରଥମେ ସାଧବଝିଅ କବିତାଟି ଲେଖିଥିଲି ଏବଂ 'ଉତ୍କଳସାହିତ୍ୟ' ରେ ତାହା ପ୍ରକାଶିତ ହେଲା ପରେ ତାହା ଅନେକ ପାଠକଙ୍କର ଚିତ୍ତ-ରଞ୍ଜନ ହେବାର ଜାଣି ବହୁ ଉତ୍ସାହିତ ହୋଇ ପରେ ପରେ 'ମାଲୁଣୀ' ଓ 'ସାଧବପୁଅ' ନାମକ ଦୁଇଟି କବିତା ଲେଖିଥିଲି। କିନ୍ତୁ ପରେ ପରେ ଭାଗ୍ୟଚକ୍ରର ଆବର୍ତ୍ତନ ଫଳରେ ଦୀର୍ଘ ଚଉଦବର୍ଷକାଳ ବିଳପନ୍ତୀ ସାଧବଝିଅର ଭାଗ୍ୟ କି ହେଲା, ମୁଁ ତା ପଚାରିବାକୁ ଅବସର ପାଇନି। ଏବେ କିନ୍ତୁ କବିର ନିଜ ସୃଷ୍ଟି ପ୍ରତି ସହଜାତ ମମତାଦ୍ୱାରା ଚାଳିତ ହୋଇ ଦୀର୍ଘ ବ୍ୟବଧାନ ପରେ ଏ କାବ୍ୟକୁ କୌଣସିମତେ ଶେଷକରି ସାଧବଝିଅ ଭାଗ୍ୟର ଗୋଟାଏ ନିଷ୍ପତ୍ତି କରିନେଇଛି।

କାବ୍ୟର ଗଳ୍ପ ଓ ପରିକଳ୍ପନା ନୂତନ। କାବ୍ୟର କାଳ ବହୁ ପ୍ରାଚୀନ। ନାୟକ ନାୟିକାଙ୍କର ଜୀବନ-ଇତିହାସ ଅସ୍ପଷ୍ଟ। ଏସବୁ ଘେନି ଜୀବନ୍ତ ଓ ସରସ କାବ୍ୟ ଲେଖିବା ମୋ'ପରି ଅଧମପକ୍ଷରେ ଏକ ପରମ ଚେଷ୍ଟା ବୋଲିବାକୁ ହେବ। ଉତ୍ତମ କବିର କଲମରେ ଯାହା ଉତ୍କୃଷ୍ଟ ସଂଦେଶ ହୋଇଥାନ୍ତା, ମୋ ହାତରେ ତାହା କେବଳ ଛେନା-ଚିନିର ସମ୍ମିଶ୍ରଣ ମାତ୍ର। ତେବେ ଉତ୍କଳ-ସରସ୍ୱତୀଙ୍କ ଭୋଗ ଡାଲାରେ କେବଳ ନିଖୁରା ଲିଆ ଛଡ଼ା ଯେତେବେଳେ ଅଧିକାଂଶ ସମୟରେ ଅନ୍ୟ କିଛି ଯୋଗାଡ଼ କରାଯାଇପାରୁନି, ସେତେବେଳେ ମୋର ଛେନା-ଚିନି ପୂଜକମାନଙ୍କଦ୍ୱାରା ଅଗ୍ରାହ୍ୟ ହେବନାହିଁ ବୋଲି ମୋର ଆଶା। ଇତି।

୧୯୪୬

**ମାୟାଧର ମାନସିଂହ**

# ସାଧବ ଝିଅ

॥ ଏକ ॥

ବିଜନ ବେଳା, ବିଜନ ବେଳା
କହୁନାହୁଁ, କାହିଁ ବୋଇତ ଗଲା,
ବୋଇତ ଗଲା !
ସଉଦାଗରର ସାନଝିଅ ମୁଁ,
ସାତଭାଇରେ
ଶୟନ ମୋହର ହଂସୁଲି ଶେଯେ,
ସ୍ନାହାନ ମୋହର ସୁବାସ-ନୀରେ ।
ସାତ ସାଧବର ସାତ ଝିଅ ସେ,
ଭାଉଜ ମୋର,
ଜଣକେ ଜଣକେ କନକଶିଖା,
ଜଣକୁ ଜଣକୁ କନକ-ପୁର ।
ସାତ ଭାଉଜର ସତର କଥା,
ମୋହ ପାଇଁକି
ଜଣେ କୁଂଚିଦେଲେ ପାଟପତନି
ଆରେକ ପଚାରେ ଇଚ୍ଛା କାହିଁକି ?

ସାତ ଭାଇଙ୍କର ସାତ ବୋଇତ
କେ ଦେଖିନାହିଁ ?
ମଣି-ମୁକୁତାରେ ବେପାର ଲୀଳା,
କେଉଁ ଦରିଆରେ ନ ପଡ଼େ ଛାଇ ?
ସାତ ଭାଇ ସାତ ରାଜ-କୁମର,
ଦେବତା ପରା
ଜଣେ ଆଣିଦେଲେ ବଉଦ ଶାଢ଼ି,
ଆରେକ ଯାଚଇ କନକ ଝରା ।
ବିଜନ ବେଳା, ବିଜନ ବେଳା,
କହିଲୁ ମୋହର କି ଦୁଃଖ ଥିଲା,
କି ଦୁଃଖ ଥିଲା ।

॥ ୨ ॥

ହାଇରେ ହାଇ, ହାଇରେ ହାଇ,
ଯୁବା ସେ ଆସିଲେ ବୋଇତ ବାହି
ବୋଇତ ବାହି ।
ଭାଇଙ୍କି ବନ୍ଦାଇ ଆସିଥିଲି ମୁଁ
ତୋହରି ତୀରେ
ଏଇଠାରେ ଛିଡ଼ା ହୋଇଥିଲେ ସେ,
ଦେଖି ଦୁଇ ପାଦ ଚଳିଲା କି ରେ ?
ବାଲିରେ ଲୁଚିଲା ମାଣିକ ମୁଦି,
କନକ-ବଳା,
ହାତରୁ ଖସିଲା ଫୁଲ-ହଳଦୀ,
ହାତରୁ ଖସିଲା ଚାଉଳ-ସରା ।
ଚାହିଁପାରିଲି କି ଭଲେ ସେ ମୁଖେ,
ଲାଜେ ମରିଲି,
ଚିବୁକ ମିଶିଲା ଉରଜେ ଆସି
ପଚାରିଲି ନିଜେ 'ଏ କି ଦେଖିଲି' ?

ହସିଲେ ଭାଉଜେ, ଚାହିଁଲେ ଭାଇ,
ରହିଲି ଠିଆ,
ବନ୍ଦାଣ ସରିଲା, ଚଳିଲେ ପୁରେ,
କେ କିପାଁ ବୁଝିବ ବାଳିକା -ହିଆ ?
ବିଦେଶୀ ଯୁବକ ଜାଣିବେ କିସ
ବାହିଲେ ତରୀ,
କାହିଁ ଗଲେ ବେଳା, କାହିଁ ଗଲେ ରେ
ତା’ ବିନେ କେସନେ ଜୀବନ ଧରି ?
ବିଜନ ବେଳା, ବିଜନ ବେଳା,
କହ କାହିଁ ଗଲା ବୋଇତବାଲା ।
ବୋଇତ ବାଲା ।

॥ ୩ ॥

କେଉଁ ଧନେ ସେ ଗୋ ବଣିକ ଯୁବା
କରେ ବେପାର ?
ନାରୀ-ବୁକୁ ଘେନି କି ତା’ ବେବସା,
ଭୁଆସୁଣୀ ଲୁହେ ତା’ କାରବାର ?
ଯେ ଦେଶେ ଯାଏ ସେ, ମୋହ ସରି ଗୋ
ସେ ଦେଶେ ବିକି,
କୁଳଝିଅ ତାକୁ ଆପଣା ମନେ
ଆପଣା ହୃଦୟ ଦିଅଇ ବିକି ?
କାହୁଁ ଆସିଥିଲା ? ମୋ ହୃଦ ସାଥେ
କି ନେଲା ଏଥୁ ?
ଆକାଶେ, ପବନେ ଅଛ ଦେବତା
ଫେରାଇ ଆଣଁତ ଗମନ-ପଥୁ ।
ଜୀବନେ ଏ କିସ ପରମାଦ ଗୋ,
ନଥିଲି ଜାଣି,
ହଂସୁଲି ଶେଯରେ ନ ଆସେ ନିଦ

ଆଖି ଆଗେ ଭାସେ ତାହାରି ଠାଣି !
ଏତେ ଲୋକ ମେଳେ ଜୀବନ, ଏକା
ଲାଗଇ ମତେ,
ତାହାରି ପରଶ ଖୋଜଇ ଦେହ
ଭୁଜ ତା' ମୋ ଦେହ ଭିଡ଼ନ୍ତା ସତେ !
ଶୋଇବାକୁ ଗଲେ ଆରେକ ପାଇଁ
କରଇ ଥାନ,
ନ ଆସିଲା ସେ ତ, ଆସିଲାନି ରେ
ଏକା ଏକା ମୋର ଯାଉଛି ଦିନ।
ହୋଇଛି ରଜନୀ, ଉଠିଛି ଚାନ୍ଦ
ନାଚେ ଦରିଆ,
କାହା ପାଇଁ ମୁହିଁ ସାଧବଝିଅ
ଏକାକୀ ତୋ ତୀରେ ହୋଇଛି ଠିଆ ?
ଫେରିଯିବି ଘରେ ? କି ସୁଖ କହ
କନକପୁରେ ?
ମନର ମଣିଷ ନ ମିଳେ ଯଦି
ବୁକୁର ବେଦନା ରହେ ବୁକୁରେ ?
ସାତ ଭାଇ ମୋର ସେ ଦେଶେ ଯାଇ,
ସେଇ ମାଣିକ,
ଆଣିଲେ ମାନଁତି ସାଧବ ଠକ
ଜାଣନ୍ତି କେସନେ ଶେଠ ବଣିକ।
ସେ ମାଣିକ ସତେ ମିଳେ କାହାକୁ,
ମିଳେ ନାହିଁ ରେ,
କନକପୁରର ଚମକ ଦେଖି
ହୀରା-ନୀଳା ଦେଇ ତାକୁ ପାଇ ରେ ?
କେ ଅଛ ଦେବତା କହ ହେ କହ,
ପାଇବା ପଥ,
ଭୁଆସୁଣୀ ଯାହା ଦେବାର ଦେବ,

ରକତ ଦେଇ ମୁଁ ପାଳିବି ବ୍ରତ।
ମୋ ପରି କି ଆଉ ତରୁଣୀ କେହି,
    ପାଇଛି ତାକୁ?
କିପରି ଲଭିଲା? ଭୋଗେ କିପରି?
କହିଲେ ଦେବି ଏ ଜୀବନଟାକୁ।
ଆଉ କେ ଯୁବତୀ ଶୁଣେ କି ତାର,
    ବଦନୁ କଥା?
କିପରି ସେ ବାଣୀ? ଅମିୟ ସେ କି?
ଶୁଣି ଲୁଚିଯାଏ ପରାଣ-ବଥା?
ଆଉ କେ ଯୁବତୀ ବାହୁରେ ତାର
    ପଡ଼େ କି ଢଳି?
କିପରି ସେ ସୁଖ ଜାଣିବି ନିକି?
ଭାବିଲେ ହୃଦୟ ହୁଅଇ ଦଳି।
ବିଜନ ବେଳା, ବିଜନ ବେଳା,
    ସାଧବଝିଅର ଏ ଦୁଃଖ ହେଲା।
ମାଣିକ ଖଟରେ ବୋହିଲା ଲୁହ
କହୁନାହୁଁ କାହିଁ ବୋଇତ ଗଲା,
    ବୋଇତ ଗଲା!

॥ ଦୁଇ ॥

ସେ ଆଖି ଦୁଇଟି ସମାନ ମାଣିକ କାହିଁ,
ଘାଟେ ଘାଟେ ମୋର ବୋଇତ ତାହାରି ପାଇଁ,
ଛାଡ଼ି ମୁଁ ଆସିଲି ସେ କେଉଁ ସାଗରକୂଳେ,
ସାଧବପୁଅ ମୁଁ ଦିନ କାଟେ ତାରେ ଧାୟୀ।

ଅଳପେ ଚାହିଁଲା, ଲାଜେ ମୁଖ ଦେଲା ପୋତି
ନଖେ ମିଶାଇଲା ଗଳାହାର ମଣି ଜ୍ୟୋତି,
ପୁଣି ସେ ଚାହିଁଲା, ପୁଣି ମୁଁ ଚାହିଁଲି ଥରେ,
ହସି ଲାଜେ ପୁଣି ନୁଆଁଇଲା ନାସା-ମୋତି।

ସେତିକି ଚାହିଁବା, ସେତିକି ମୋ ଦେଖାଦେଖି
ବୁକୁରେ ସେ ଛବି ଯାଇଛି ଗଭୀରେ ଲେଖି,
ଯାହା ଭାବେ ତା'ର କଥାହିଁ ପଡ଼ଇ ମନେ
ଯହିଁ ଚାହେଁ ସେଇ ନୟନ ଉଠଇ ରେଖି।

ଟିକିଏ ଚାହିଁଲା, କେତେ ସେ କହିଲା କଥା,
ଥରେ ସେ ଅନାଇଁ କେତେ ଯେ ଦେଉଛି ବ୍ୟଥା,
ଉଦାସୀ ସାଧବପୁଅ ମୁଁ, ମୋ ଆଖେ ନୀର,
ଭାବଇ ତା' ବିନୁ ଜୀବନେ ନାହିଁକି ପନ୍ଥା।

କଥା କହିବାର ଥିଲା ନାହିଁ ଅବସର,
ଚଳିଲା ତରୁଣୀ ପଛ କରି, ନିଜ ଘର,
ପଛେ ରଖିଗଲା ମୁଗ୍‌ଧ ତରୁଣ ମତେ
କରି ମତେ ନବ-ପିପାସାରେ ଜରଜର।

ବେଳାର ଜନତା କରମେ ତାହାର ଲାଗେ,
ଉଦାସେ ବୋଇତ ଭାସଇ ବାରିଧି ଭାଗେ;
ନୂତନ-ପ୍ରଣୟ-ବିକଳ ସାଧବପୁଅ
ଚାହିଁରହିଲା ଯେ ରୂପସୀ ଚଳିଲା ଆଗେ।

ବୋଇତେ ଆସିଲି, ଟେକାଇ ଦେଲି ମୁଁ ପାଲ,
ସ୍ୱଦେଶେ ଫେରିବା ପାଇଁ ହୋଇଥିଲା କାଳ,
ସେଇଦିନୁ, ପ୍ରତି ଘାଟେ ମୁଁ ଖୋଜୁଛି ପରା
ସେ ନୟନମଣି ଅୟୁତ ମଣିରେ ସାର।

ସାଧବପୁଅ ମୁଁ ବୋଇତରେ ମୋ ଜୀବନ,
ସାଗର ଲହରୀ ଗଣି ସରେ ଯଉବନ,
ଧ୍ରୁବତାରା ଚାହିଁ ଶୁଖଇ ଆଖିର ପାଣି
କାନେ ଚିର କଟୁ ସୁନା ରୁପା ଝଣଝଣ।

ପିତା ମୋ ଦେଶର କୁବେର ନଗର-ଶେଠ,
ଘରେ ଧରେ ମଣି-ପ୍ରଦୀପ କନକ-ପୀଠ,
ଦାସ-ଦାସୀ ଦେହେ ସୁନାଛିଟା ପାଟଶାଢ଼ି,
ଯାଚକମାନଙ୍କ ସେବା ହୁଏ ଅବିରତ।

ପାରବଣେ ଯେତେ ପୁରବାଳା ଆସି ଘରେ
ଶୋଭନ୍ତି ଅଗଣା ବଦନ-କମଳ ଦଳେ,
କିଶୋରୀ ଯେତେକ ଦୋଳାଇ ମୋହନ ବେଣୀ
ଦୋଳାଇ ଦିଅନ୍ତି ଯୁବାଜନେ ମରମରେ।

ଦେଖିଥିଲି ତାହା କିଶୋର ବୟସେ ପରା,
ତା'ପରେ ଜୀବନ ବୋଇତେ ହେଉଛି ସରା,
ବାପାଙ୍କ ବଚନ ମାନି ମୁଁ ବଣିକପୁଅ
ଘାଟେ ଘାଟେ ଆଜି ବୁଲାଉଛି ମୋ ପସରା ।

ଯଉବନ ଗଲା ଅ-ସାଥୀ ସାଗର ପରେ
ସାଥୀ-ଖୋଜା ପ୍ରାଣ ଶମିବ କାହାର ବଳେ ?
ଘାଟୁ ଘାଟେ ତରୀ ଭିଡ଼ି ମୋ ଜୀବନ ଗଲା,
ପରାଣ-ତରୀ ମୋ ଭିଡ଼ିବି କା' ପଦତଳେ ?

ଯେ ଦିନୁ ସେ ମଣି ଦେଖିଲି ଏ ନୟନରେ
ପ୍ରଣୟର ନିଆଁ ଜଳଇ ହୃଦୟତଳେ,
କେ ଦେବ ସେ ମଣି ? ଗଳାରେ କରିବି ହାର,
ଲିଭିବ ହୃଦୟେ ବିପୁଳ ଦହନ, ଖରେ ।

ନଙ୍ଗର ପକା ତ, ନଙ୍ଗର ପକା ରେ ମାଝି,
ଏଇ ତ ସେ କୂଳ, ସେଇ ତ ସଉଧରାଜି,
ସେଇ ବେଳା, ସେଇ ଦେଉଳେ ପତାକା ଉଡ଼େ,
କେତେ ଘାଟେ ବୁଲି ଫେରି ମୁଁ ଆସିଛି ଆଜି ।

କେତେ ଦେଶୁଁ କେତେ ଆଣିଛି ମୁଁ ଉପହାର
କାବେରୀ ଦେଇଛି ଧବଳ ହୀରକ ହାର,
ଚୋଳରୁ ଆଣିଛି କନକ କୁସୁମ ମାଳା,
ସବୁ ଦେବି ଥୋଇ ଚରଣ-କମଳେ ତାର ।

ତା' ସାଥେ ଦେବି ଏ ତରୁଣ ହୃଦୟ ମମ,
ତା' ଚରଣତଳେ ବିନୟିତ ଦାସ ସମ,
କହିବି-'ଏ ମୁଖ ପାଇଁ ମୁଁ ଜୀବନ ଦେବି'
କହିବି- ' ତୋ ସେବା ଜୀବନେ ଧରମ ମମ ।'

କୂଳେ ଭିଡ଼ ତରୀ, ଆସ ରେ ମାଳଦା, ମାଝି,
ବହିଆଣ କୂଳେ ମାଣିକ ବଣିଜ ରାଜି,
ପେଣ୍ଠରେ ପଇଠ କରି ତମେ ଏଥି ରହ
ଯାଏଁ ମୁଁ ନଗରେ କପାଳ ମୋ ଖୋଜି ଖୋଜି।

ବୁଲିବି ଯାଉଛି ନଗରର ପଥେ ପଥେ
ଦେଖିବି ଯଦି ସେ ଯାଉଥାଏ କାହିଁ ରଥେ,
ଦେଖିବି ଯଦି ସେ ବାତାୟନେ ଥିବ ଚାହିଁ
ଦେଖିବି ଯଦି ସେ ଚାହାଣିରେ ଜାଣେ ମତେ।

ମାଳାକାର ହେବି ତା' କବରୀ ହାର ରଚି,
କାଚରା ହେବି ମୁଁ ଦେବାକୁ ତା' କର ଖଚି,
ସୁନାରି ହେବି ତା' ଚରଣ-ବଳୟ ଲାଗି,
ନାପିତ ହୋଇ ତା' ଚରଣ ମାଜିବି ବସି।

ଏଇ ଯେ ସେ ବେଳା; ପାବନ ତା' ପଦ ଲାଗି,
ଆଖି ଆଗେ ମୋର ସେ ଦିନ ଉଠଇ ଜାଗି,
ମନେହୁଏ ଏଇ ଉଷର ବାଲୁକା ପରେ
ଶୁଅନ୍ତି ମୁଁ ଥରେ ତା' ପଦ-ପରଶ ଲାଗି।

କାହିଁକି ବା ଯିବି? ଚିହ୍ନିବ ସେ କି ଗୋ ମତେ?
ବିଦେଶୀ ମୁଁ, ଖାଲି ନୟନ ମିଶିଛି ପଥେ,
ଏଥିରେ କି ଆଶା? ମୂଢ଼ ପରି ହୁଏ କିପାଁ?
ମୋ ପରି ତରୁଣ ନ ଥିବେ ନଗରେ କେତେ।

ତଥାପି ମାନୁନି ମନ ମୋ ବାସନା ଖାଲି,
ଆଉ ଥରେ ଦେଖେଁ ପରାଣର ସେ ସଂଖାଳି,
ଥରେ ଆଉ ଖାଲି ଆଖେ ଆଖି ଯାଉ ମିଶି,
ଆଶା ନ ଦେଖିଲେ-ବୋଇତ ମୋ ଦେବି ଚାଳି।

## ।। ତିନି ।।

ଦେଖା ହେବ ନାହିଁ
ଯେ ଦୂର ପ୍ରଣୟୀ
ତା'ରେ ମୁଁ ସଁପିଲି ମନ,
ଯା' ପାଇଁ ରଖିଲି
ତା' ହାତେ ନ ପଡ଼ି
ଶେଷ ହେବ ଯଉବନ।

ଆଉ ନିତିଦିନ
ତନୁ ପ୍ରସାଧନ
ନାହିଁ ଲାଗେ ମନ ସଖି,
କାହାର ଭରସା
ପାଇଁ ସାଜି ଖୋଷା
ବାତାୟନେ ଆଖି ରଖି ?

କଳିକା ଫୁଟଇ
କୁସୁମ ଝଡ଼ଇ
ପୁଣି ତ କଳିକା ଉଠେ,
ମୋ ମନ-ଲତାର
କୁସୁମ ଆଶାର
କଳିକାରୁ ତଳେ ଲୁଟେ।

ମାଟିର ଶିବ ଯେ
ନିତି ନିତି ପୂଜେ
ମନାସିଲି ଦେବ ଦେବୀ,
ମାଣିକ ପ୍ରଦୀପ
ଜାଗରେ ଜାଳିଲି
ଠାକୁରାଣୀ ପଦ ସେବି।

ମରୁଛି ବିଫଳେ
ଭାସି ଆଖିଜଳେ,
ନୟନେ ଦେଖିଲି ନାହିଁ
ଆଉ ଥରେ ହେଲେ,
ତରୁଣ ଯେ ଗଲେ
ସେ ଦିନ ବୋଇତ ବାହି।

ଆଉ କି ଆସିବେ
ନୟନେ ଦିଶିବେ,
ତଥାପି ଏ ପୋଡ଼ା ମନ
କହେ କାନେ କାନେ
ଆଶାର ଛଳନେ
'ମିଳିବ ହଜିଲା ଧନ'।

ସେହି ସେ ଆଶାରେ
ରହିଛି ଧରାରେ
କହୁଛି ତୁମରେ କଥା,
ମାଣିକ ରତନ
ଦାସୀ ପରିଜନ
ନେବେ କି ପରାଣ-ବଥା ?

ଜଳଧି ବେଳାରେ
ଅବା କେଉଁଠାରେ
ଦେଖୁ ଯଦି ମତେ କହି
ଦୁଃଖ ମୋର ହର,
ମାଲୁଣୀ ଲୋ ମୋର,
ତୋଷିବି ବଧାଇ ଦେଇ।

ଗଭୀର ନିଶୀଥେ
ଉଠି ମୋର ପୀଠେ
ତେଜିବୁ ମଳିନ ଦୀପ
ଉଠାଇବୁ ମୋତେ
କହିବୁ ଗୁପତେ
କପୋଳେ ଛୁଇଁଣ ଟିପ-

'କିଶୋରୀ ଦେଖ ଲୋ,
ତୋ ରାଜକୁମାର
ବାତାୟନ ତଳେ ଠିଆ,
ବାଟରୁ ଫେରାଇ
ଆଣିଅଛି ଧାଇଁ
କହି ତୋ ବ୍ୟଥିତ ହିଆ।'
ଏହି ସଖୀପଣ
କରି ଏ ଜୀବନ
ମାଲୁଣୀ ରଖ ତୁ, କହେ
ଥାଉ ପ୍ରସାଧନ
କୁସୁମ ଭୂଷଣ,
ଜୀବନ ତ ନାହିଁ ଥୟେ।

## ।। ଚାରି ।।

କୁସୁମ ହାରେ ଗୁନ୍ଥି ଯୁବା ତରୁଣୀ
ବଳା ବଜାଇ ଚଳେ ଧୀରେ ମାଳୁଣୀ।
କରକେ ଧରିଅଛି ଫୁଲ ଚାଙ୍ଗଡ଼ା
ସେ ଫୁଲେ ଅଛି କେତେ ହୃଦ-ମାଗୁଣି।

ମୁଣ୍ଡରେ ଝରାକାଠି ଖୋଷାରେ ଖୋସା
ପାଦରେ ଝୁମ୍ପା ଭରିଦେଇଛି ଯୋଷା।
ପୃଥୁଳ ବାଦୁ ଭରି କୁଟିଛି ଚିତା
ନୟନେ ଖଞ୍ଜରୀଟ ହୋଇଛି ପୋଷା।

ନାକକେ ନୋଥ, ନାକଚଣା ଆରକେ
ଦଣ୍ଡି-ଝଲକା ଓଠେ ବାଜି ଝଲକେ।
ଅଧର ଘନ ନାଲି ବିଡ଼ିଆ-ରାଗେ
ଚଳଇ ନାରୀ, ପାନ ଜାକି ଗାଲକେ।

କପାଳେ କଳା-ଚିତା ପରେ ଟିକିଲି
ମହଣ ଦେଇ ଟାଣେ ଦେଇଛି କିଳି,
ମହଣ ଦେଇ ପୁଣି କାଢ଼ିଛି ମାଙ୍ଗ,
ଖେଳାଇ ଢେଉ, କେଶ ଦେଇଛି ଭିଡ଼ି।

ବାହୁରେ ତାଡ଼, ଗୋଡ଼େ ପାହୁଡ଼ ବଳା
ସରଣୀ କମ୍ପେ ଯେବେ ଚାଲେ ଅବଳା,
ଧରଣୀ-ନିଦ ଭାଙ୍ଗେ ଚରଣ ମୁଦି
ଶିଖାଇ ତରୁଣୀଙ୍କୁ ଚଳନ-କଳା।

ନଗର-କିଶୋରୀଏ ତା' ପଥ ଚାହିଁ
ଗବାକ୍ଷ ତେଜି କାହିଁ ଯାଆନ୍ତି ନାହିଁ,
ଉଛୁର ହେଲେ ମାନ କାହିଁରେ କିବା
ସେ ମାନ ଭାଙ୍ଗେ ଗଭା ଯତ୍ନେ ସଜାଇ।

ବରାଙ୍ଗୀ ଏକେ ଏକେ ବରାଦ ଏକ
କେ ଚାହେଁ ସୂର୍ଯ୍ୟମୁଖୀ, କେ କୁରୁବକ
କାହାର ଅବା ଲୋଡ଼ା କଦମ୍ବ-କଢ଼ି,
କରବୀ କାମିନୀ ବା କାହାର ସଖ।

ମାଳାରେ ହେଲେ ଜଣକର ଆଦର,
କବରୀ- ସାଜ ମାଗିଥାଏ ଅପର।
କେ ମାଗେ ନୀପ ପୁଷ୍ପ ଦେବାକୁ କାନେ,
କୁସୁମ-ଗୁଛେ କା'ର ଶରଧା ବଡ଼।

ତରୁଣୀ କେହି ତାରେ କରିଛି ଅଳି
ଦେବାକୁ ଏ ଆଷାଢ଼େ କଦମ୍ବକଳି,
ନିତିକି ନିତି, ଯେଣୁ ଆସିବେ ପ୍ରିୟ
ବରଷା ଯାପି ଯିବେ ପ୍ରବାସେ ଚଳି।

କିଶୋରୀ କେହି ମାଗିଥିଲା କେତକୀ
ଗଲା ବସନ୍ତେ ଭଲେ ହଂସ-ଗତିକି
ଯୋଗାଇ ନ ପାରିଲା, ବଢ଼ିଛି ମାନ,
ମନା ହୋଇଛି ଯିବା ତାର କତିକି।

କେ ବଧୂ ବୋଲେ, 'ଅୟି ମାଲୁଣୀ ସଖି'
କହିବି ଗୋଟେ କଥା ପାରିବ ରଖି?
ପୂର୍ଣ୍ଣିମା ଦିନ ସେ ଗୋ ଆସିବେ ଘରେ
ବକୁଳ ମାଳା ଏକ ଗୁନ୍ଥି ଦେବ କି?

କାହାକୁ ନାହିଁ ବୋଲି କହଇ ନାହିଁ,
ହସି ଚତୁରୀ କହେ ଆଣିବା ପାଇଁ,
କାମିନୀ ମନ ସେ ତ ବୁଝିଛି ଭଲେ
ଭୁଲାଇ ରଖିଥାଏ ଆଶା ଦେଖାଇ।

ଯାଉ ଯାଉ ସେ ରାଜପଥେ ଚତୁରୀ
କିଶୋରୀଗଣ ହୋଇ ଅତି ଆତୁରୀ
ଡାକନ୍ତି ହାତ ଠାରି ଗବାକ୍ଷ ପଛୁ
'ମାଲୁଣି, ରାଣ ଆଗ ଆସ ଏ ପୁରୀ।'

କେ କହେ 'ବେଳ ଗଲା କବରୀ ସାଜି
ପାରିବି ନାହିଁ ତୋର କୁସୁମେ ଆଜି';
ଆଉ କେ ବୋଲେ, 'ତୋର କେତେ ଲୋ ଆୟୁ
ଏକ୍ଷଣି ଖୋଜୁଥିଲି ପରାଗ-ରାଜି।'

ସକଳ ରୂପସୀର ମନକୁ ଧରି
ମାଲୁଣୀ ଜିଣିଅଛି ସାରା ନଗରୀ
ତରୁଣ-ତରୁଣୀଙ୍କ ରଖିଛି ହାତେ
ତା' ନାମେ ତାଙ୍କ ବୁକୁ ଉଠଇ ଥରି।

ତଥାପି ପ୍ରିୟ ନାରୀ ସବୁରି ଘରେ,
ବିଶ୍ୱାସ ସବୁ କିଶୋରୀର ତା' ପରେ,
ତା' ବକ୍ଷେ କେତେ ବକ୍ଷ-ଗୋପନ କଥା,
ତା' ମୁଖୁ କେତେ କାନେ ପୀୟୁଷ ଝରେ।

॥ ୨ ॥

କିଶୋରୀମେଳେ ଶ୍ରେଷ୍ଠ ସାଧବବାଳା
ମାଲୁଣୀ ନିତି ତା'ରେ ଦିଅଇ ମାଳା,
ଯତନ କରି ଜୁଡ଼ା ଦିଅଇ ବାନ୍ଧି,
ହେବାକୁ ଦେଖଣାଙ୍କ ହୃଦୟ-କାରା।

ତା' ପାଇଁ ବଗିଚାରେ ଭିନ୍ନ ବ୍ରତତୀ
ପୃଥକ୍ ପୁଣି ତାର ସଲିଳ ଘଟୀ,
ପୃଥକ୍ ହୋଇ ଫୁଟେ ତା' ପାଇଁ ଫୁଲ
ସରସ ସବୁଠାରୁ ତାର ମାଳାଟି।

ଦିନେ ମାଲୁଣୀ ଭୁଜେ ଫୁଲର ହାର
ଅନନ୍ତ କରି ବାନ୍ଧିଦେଲା ବାଳାର,
ଘଡ଼ିକେ ଡାକ ଦେଲା କାଟିଲା ବୋଲି
ରକତ-ଦାଗ ବହୁ କଷ୍ଟେ ବାହାର।

ଚିକ୍କଣ କେଶେ ଫୁଲ ରହଇ ନାହିଁ,
କବରୀ ଭାର, ଦେଲେ ମାଳା ଗୁଡ଼ାଇ,
ଗଳାରେ ଦେଲେ, କାଢ଼ିଦିଏ ଘଡ଼ିକେ,
କୋମଳ କାନ୍ଧ ଦୁଇ ଯାଏ ବଥାଇ।

ଏଣୁ ମାଲୁଣୀ ବଡ଼ ବିପଦେ ପଡ଼େ
ସଜାଇବାକୁ ତାକୁ ନିୟତ ଡରେ,
କୁସୁମ କୋମଳ ଯା' ଶରୀର-ଲତା,
ପିନ୍ଧାଇବାକୁ ତାକୁ ତା' କର ଥରେ।

ସାଧବଝିଅ ପାଶେ ଚଳେ ମାଲୁଣୀ
ଅପେକ୍ଷା କରିଥିବ ବର-ତରୁଣୀ,
କରରେ ଧରିଅଛି ଫୁଲଚାଙ୍ଗଡ଼ା
ସେ ଫୁଲ ତଳେ କେତେ ହୃଦ-ମାଗୁଣି।

॥ ୩ ॥

ଭେଟିଲା ଦୂରଦେଶୀ ସାଧବସୂତ
ଏକାକେ ତାକୁ। ତାର ଅଧର-ପୁଟ
ସହସା ଶୁଣାଇଲା 'ଶୁଣ ତ ଟିକେ,
ଦେଖୁଛ ବେଶ-ବାସୁଁ ବିଦେଶୀ ମୁଁ ତ।'

କରୁ ଚାଙ୍ଗୁଡ଼ି ଆଣି କଟିରେ ଥୋଇ
ମାଳୁଣୀ ଅନାଇଲା ଚକିତ ହୋଇ,
ଦେଖିଲା ରୂପବନ୍ତ ତରୁଣ ଆଗେ
ଲାଜେ ତା' ଆଖି ଟିକେ ଯାଉଛି ନୋଇଁ।

ସାଧବପୁଅ କହେ 'ମାଳୁଣୀ ପରା
ଦିଶୁଛ, ଖାଲି ନେଇ ଫୁଲ-ପସରା
ବୁଲ, ନା ଆଉ କିଛି କର ଗୋ ନାରୀ,
ଗରଜ ଅଛି ମୋର କହ ତ ତ୍ୱରା!

ଚତୁରୀ ମାଳୁଣୀ ସେ କହିଲା ହସି,
'ଖାଲି କି ଫୁଲ ବିକେ? ଲଗାଏ ରଶି,
ଏ ଫୁଲ ଦେଇ ଯୁବା-ଯୁବତୀ ହୃଦେ,
କୁସୁମ ହାରେ କେତେ ହୃଦୟ କଷି।

ମୋ ଲାଗି ଏ ନଗରେ କିଶୋରୀଦଳ
ଦେଖନ୍ତି ନିରଜନେ ମୁଖ ପ୍ରିୟର,
ମୋ ଫୁଲ ଦିଏ ଭାଷା ତରୁଣ-ପ୍ରେମେ
ପ୍ରଥମ ଉପହାର ତରୁଣୀଙ୍କର।

କି କାମ ଅଛି'-ବୋଲି କହିଲା ନାରୀ,
'ଚାହିଁ ତ ଥିବେ ମୋତେ ସାଧବ-ବାଳୀ-'
ଚମକି ଅନାଇଲା ବିଦେଶୀ ଯୁବା
ପଚାରେ 'ସାଧବରେ ତୁ ସେବାକାରୀ?'

'କାହିଁକି?' ପଚାରିଲା ମାଳୁଣୀ ପୁଣ
ତରୁଣ କହେ 'ଦେଖାଇବି ମୋ ଗୁଣ
ମାଳା ମୁଁ ଗୁନ୍ଥିପାରେ ବିଚିତ୍ର କରି
କବରୀ ସାଜିପାରେ ଅତି ନିପୁଣ।'

'ବିଦେଶୀ ମାଳାକାର? ଆସ ଗୋ ତେବେ'
ବୋଇଲା ନାରୀ, 'ନିଶ୍ଚେ ଗୁଣ ଚିହ୍ନିବେ
ସାଧବକନ୍ୟା, ଆଉ ନ ଚିହ୍ନୁ କେହି
ଚିହ୍ନାଇଦେବି, ରହ ମୋ ଘରେ ଯେବେ।

ଗୁନ୍ଥିବ ମାଳା କାଲି ଯତନ କରି
ସାଧବକନ୍ୟା ପାଶେ ନେବି ମୁଁ ଧରି,
ଆସ କୁଟୀରେ-ଲେଉଟିଲା ଘରକୁ
ସାଧବପୁଅ ଚଳେ ଶିବ ସୁମରି।

## ।। ପାଞ୍ଚ ।।

ରାଜାପୁଅ ବଡ଼ ହଟିଆ
ଏବେ କରିଛି ହଟ
ସାଧବସୁତାକୁ ଉଆସେ
ନେବ, ଏଇ ତା' କଷ୍ଟ।
ସାତ ରାଣୀଙ୍କର ଏକ ସେ
ପୁଅ, ନୃପତି-ଆଖି
ଅତି ସେରନ୍ତାରେ ସରିଛି,
ମନ୍ଦ ନାହିଁ ଛି ବାକି।
ଯାହା ସେ ଚାହିବ, ପାଇବ;
ଯାହା କହିବ ହେବ,
ନାହିଁ କରି ହେବ ବଇରି
ଏତେ ଦମ୍ଭ କା' ଥିବ ?
ଗର୍ଭିଣୀକୁ ଚିରି ଦେଖିଛି
ଶିଶୁ ଖେଳେ କିପରି,
ଅଟାଳିରୁ ଫିଙ୍ଗି ମନିଷ
ଦେଖେ ପତନ-ଶିରୀ।
କୁଳବାଳା ତ୍ରାସ ନଗରେ
କଟୁଆଳ ତା' ଭୟେ,
ନିଜେ ଦିଏ ପାପ ଆହାର,
ଅବା ନୀରବ ରହେ।

ପାରିଧିକି ଯାଉଁ କେବେ ସେ
ନଈ-ତୁଠେ ଦେଖିଲା
ସାଧବଝିଅର ସଙ୍ଗିନୀ ସଙ୍ଗେ
ସ୍ନାହାନ ଲୀଳା।
ପରିଚୟ ବୁଝି ଫେରି ସେ
ଘରେ ଧରିଛି ହଟ
ବିଭା ହେବ ତାକୁ, ନଚେତ
ନିଶ୍ଚେ ଛାଡ଼ିବ ଘଟ।
ସାଧବକୁ ଡାକି ରାଜନ
ପୁଚ୍ଛା କରନ୍ତେ ମନେ
କହିଲେ ସେ- "ଆଜ୍ଞା ଆମେ କି
ଯୋଗ୍ୟ ରାଜଗହଣେ ?
ମାଆ ତାର କଥା ଦେଇଛି
ଆଗୁଁ ଶ୍ରୀନୀଳାଚଳେ
ଚେଳିତାକୁ ପୁର ସାଧବ-
ଶ୍ରେଷ୍ଠୀସୁତ ସଙ୍ଗରେ।
ସେ ଥାନୁ ବୋଇତ ଆସିଛି
ଖୋଜି ବୁଝିବି ଠିକ,
କିପାଇଁ ଏ ମଲା କାଳେ ମୋ-
କଥା ହେବ ଅଳୀକ ?"
ଏ କଥା କାନରେ ପହଞ୍ଚୁ
ଗରଜିଲା କୁମାର,
ଦେଖିବି, କିଏ ସେ ପୁରୁଷ
କେତେ ସାହସ ତାର !
ମୋ ଆଖି ଆଗରୁ ଘେନି ସେ
ଯିବ ନାରୀ-ମାଣିକ,
ସିଂହ ଥାଉଁ ହେବ କାନନେ
ବିଲୁଆ କି ମାଲିକ ?
ପୁରପାଳେ ଡାକି ବରଗି

ଦେଲା ପାଇକ ଶତ,
ଛକି ଦେଖିବେ ସେ ସାଧବ-
ଘର ଗତ ଆଗତ।
ସୁତା ତା'ର କାହିଁ ଯିବାରେ
ହେଲେ ସନ୍ଦେହ କାଳେ
ତତକାଳେ ଦେବେ ସମ୍ବାଦ
ଧାଇଁ ରାଜକୁମାରେ।

|| ଛଅ ||

"ବୋଇତରେ, ଘରେ, ବେଳାଭୂମେ
ଦେଖୁଥିଲି ସପନ ଯାହାର
ଦରିଆ ମୁଁ କାଟି କାଟି ଆଜି
ଆସିଅଛି ନିକଟେ ତାହାର।
ଚାରି ଆଖି ହେବ କି ତା' ସାଥେ
ଉତ୍ତର କି ଦେବ ସେ ଆଖିରେ ?
ଫେରିବି ବା ବିଫଳ ବାସନା
ଯହୁଁ ଆସିଥିଲି ସେହି ତୀରେ ?
ବନ୍ଦାଇ କି ନଯାଏ ବୋଇତ
ବେଳାକୁ ସେ ଭାଇଙ୍କ ଗହଣେ
ନଦୀଘାଟେ ସଖିଗଣ ସାଥେ
ନଯାଏ କି ସେ ଅବଗାହନେ ?
କାହିଁ ହେଲେ ଦେଖିବି ମୁଁ ଥରେ
କ୍ଷଣେ ହେଲେ ସେହି ରୂପଶିଖା
ଆସିଛି ମୁଁ ବହୁ ଦେଶ ଡେଇଁ
ଏହି ମୋର ହୃଦୟର ଭିକ୍ଷା।
ମୁଁ ଯେ ତା'ର ଅତି ଅଭାଜନ,
ଏ କଥା କି ବତାଇବ କିଏ ?
ମୁଁ ଯେ ହୀନ ଖତଗଦା କୀଟ,
ରୂପବତୀ ପ୍ରଜାପତି ସିଏ।

ତା' ଚରଣ ଦାସ ହେବି ଯଦି
ଏ ଜୀବନ ସଫଳ ମଣିବି
ତା' ତନୁର ମୃଦୁ ସ୍ୱେଦବାରି
ବିଞ୍ଚି ଧୀରେ ଅଲକ୍ଷ୍ୟେ ହରିବି।
ତାହାଲାଗି ଅଗୁରୁ ଚନ୍ଦନ
ବାଟି ଗୋଳି ରଖିବି ଯତନେ
ତାହା ଲାଗି କୁସୁମ-ଭୂଷଣ
ରଚିବି ମୁଁ ଭକତର ମନେ।
ବସନ୍ତର ନିଶୀଥ ମଳୟେ
ତା' ତନୁର ମୃଗମଦ-ରାଗ
ଭାସି ଯେବେ ଆସୁଥିବ, ମୁଁ କି
ନ ପାଇବି ସେ ଦାନର ଭାଗ ?
ଅଲକ୍ତକ ଚରଣେ ଫୁଟାଇ
କୋକନଦ, ଚାଲିବାର ବାଟେ
ଚାଲିଯିବ ଯେବେ ସେ ମେଲାଇ
ମୁକ୍ତ-ବେଣୀ-ମେଘ ସ୍ନାନଘାଟେ,
ଧରି ପଛେ ପ୍ରସାଧନ ତାର
ଯିବାକୁ କି ନୋହିବି ରାଜନ
ମୋଠାରୁ କି ଭଲ ସେବା ଦେବେ
ତା' ଘରର ଯେତେ ଭୃତ୍ୟଜନ ?
ମାଳୁଣୀ ତୁ ଦିଏ ଏ ମାଳାଟି
ଆଜି ନେଇ କିଶୋରୀକି ତୋର
ଯଦି ତାର ହୋଇବ ପସନ୍ଦ,
କହିବୁ ମୁଁ ମାଳୀ କଳିଙ୍ଗର।
ସଞ୍ଜ ଆସି ହୋଇଗଲା ଏବେ,
ଫୁଟିଲେଣି ତାରକା ଗଗନେ
ଆରତିର ବାଜଣା ବାଜଇ
ନଗରର ଦେଉଳ ପ୍ରାଙ୍ଗଣେ।

ରତନର ଦୀପ ଜଳିବଣି
ସାଧବର କିଶୋରୀର ଘରେ
ଶୋଇଥିବ ଅଳସେ ପରା ସେ
ତନୁ ଫିଙ୍ଗି ହଂସୁଲି ଶେଯରେ।
ଦୀପାଲୋକେ ଦୀପ୍ତି ଶ୍ରୀଅଙ୍ଗର
ଜଳୁଥିବ ଅଗ୍ନିଶିଖା ସମ
ତା'ର ତନୁ ପରଶରେ ଯେହ୍ନେ
ବାସଭୂଷା ଦିଶେ ମନୋରମ।
ଲମ୍ବ ନେତ୍ରେ ଏଣେତେଣେ ଚାହିଁ,
ସଖୀ କା'ରେ କହୁଥିବ କଥା,
ସ୍ମିତ ମୁକ୍ତା ପଡୁଥିବ ବିଞ୍ଛି,
ଉପାଧାନ ଚୁମ୍ବୁଥିବ ମଥା।
ଅବା କର ଥୋଇ କପାଳରେ,
ନିରଜନେ ଭାବୁଥିବ କା'ରେ
କିଏ ସେହି ଭାଗ୍ୟଧର ଭବେ ?
ମୁଁ କି, - ମୁଁ କି, -ମୁଁ କି ହୋଇପାରେ ?"

## ।। ସାତ ।।

"ନୂଆ ହାତ କା'ର ଲାଗିଥିଲା ପରି
ଲାଗଇ
ମାଳୁଣୀ ତୁ କହ, ଗଲାଣି ମୋ ସବୁ
ରାଗହିଁ।
ଏତେ ଡେରି କଲୁ, ମନେ ମନେ ଥିଲି
ରାଗି ଯା,
ଦେଇଥାନ୍ତି ତତେ ଦୁଆର-ବାସନ୍ଦ
ତାଗିଦା।
ଫୁଲହାର ଦେଖି, ଗଲି ସବୁ ରାଗ
ଭୁଲି ମୁଁ,
ମୋ ରାଣ ଲୋ ତତେ, ଠିକେ ସବୁ କଥା
ବୋଲିବୁ।
ମୋ ମରମ କଥା, ତୋତେ ସିନା ଜଣା
ମାଳୁଣୀ
ନିଜ ରକତର, ମା' ବି ସେ କଥା
ଜାଣିନି।
ସମୁଦ୍ରର ଘାଟୁ ଫେରି ମୁଁ ସେଦିନ
ସଞ୍ଜରେ
କାନ୍ଦିବାର ଦେଖି, ସେଇ ସେ ଦୁଆର-
ବନ୍ଧରେ,

ଠିଆହୋଇ ମତେ କୋଳ କରି ଆଖି
ପୋଛିଲୁ
ଏତେ ଦିନେ ଆଜି, ଆଖେ ଲୁହ କିମ୍ବା-
ପୁଛିଲୁ ।
ବହୁ ପ୍ରବୋଧନା, ସାଧନାରେ ତତେ
ପ୍ରାଣର
ନୂତନ ପ୍ରମାଦ ବଖାଣିଲି, ମଣି
ଦୋସର ।
ସେ ଦିନୁ ତ ଜାଣୁ ତିନୋଟି ବରଷ
ଗଲାଣି
ନୟନର କେତେ ନୀର ବାନ୍ଧିହୋଇ
ମଲାଣି ।
ସାଜିବାକୁ ଫୁଲେ, ଏ ଛାର ଶରୀର
ଡାକେ କି
ତୁ ଜାଣୁ ଲୋ ଖାଲି, ତାଙ୍କ କଥା, ପାଇ
ଏକାକୀ;
କହି ତତେ ହୁଏ ସୁଖୀ ଦଣ୍ଡେ, କ୍ଷଣେ
ଦିନରେ
ସେହି ତ ଏକଇ ସୁଖ ମୋର ଏ ଜୀ-
ବନରେ ।
କେତେ ଥର ତତେ ପଚାରିଛି ଅତି
ଆଗ୍ରହେ
ବାଟଘାଟେ କେବେ ହେଲେ ଦେଖା ତାଙ୍କ
ବିଗ୍ରହେ,
ତୁରିତେ କହିବୁ, ଦୂରୁ ହେଲେ ଦେଖା-
ଇବୁ ଲୋ,
ସାହୁକାର ହୋଇ ଜୀବନେ ଜୀବନେ
ଥିବୁ ଲୋ ।

ମୁରୁକି ହସୁଛୁ, ଚଂଚଳେ ଚାହିଁଛୁ
ଆଜି ଯେ,
ନୂଆ ମାଳା ପୁଣି ଆଣିଛୁ ଯତନେ
ସାଜି ଯେ।
ଆଶାର କଥା କି ଶୁଣାଇବୁ କି ଲୋ
ଶ୍ରବଣେ ?
କହ, ନିଜେ କେତେ ବାନ୍ଧିବି ଧଇର୍ଯ୍ୟ-
ବନ୍ଧନେ ?"
"ଆସିଛନ୍ତି ସତେ ?" ମାଳୁଣି ଚତୁରୀ
ଭାଷଇ,
"ତୁମେ ଜାଣ, ତମ ଲୋକ ନ ଆସେ କି
ଆସଇ,
ମୁଁ କିସ ଜାଣେ ମା' ? ପେଟଦାଉ ଆମ
ମାଲିକ,
ଖଟି ଖଟି ସଞ୍ଜେ, ପାଇବି ଚାଉଳ
ଗଣ୍ଡିକ।
ବଣିକ ସାଧବ, ଶେଠ ସୌଦାଗର
ବିଷୟେ
ପଶିବୁ ଗରବେ ଆମେ କହ କେଉଁ
ଆଶୟେ ?
ସେଦିନ ଉଛୁର ହେଲା ବୋଲି ମାଆ
ସେଥର
ମନେଅଛି କେହ୍ନେ ଝିଙ୍ଗାସିଲେ ? ତୁମେ
ସେକର-
ମେଳାରେ କଉଡ଼ି ଖେଳୁଥିଲ ସାଙ୍ଗ-
ସଙ୍ଗତେ
ସେତେବେଳେ ମୁହିଁ ନଥିଲି ତୁମର
ଜଗତେ ?

ଏବେ କାମଲାଗି"-ଥନଥନ ଲୁହ
ବୁହାଇ;
ସାଧବର ସୁଧା-ହୃଦୟା ବାଳିକା
କହଇ,
"ମାଲୁଣୀ, ତୁ ସବୁ ଦୋଷ ମୋର ଦିଏ
ପାସୋରି
ହାତ ତୋ' ଧରୁଛି, କରିନାହିଁ କିଛି
ବିଚାରି।
ନିଏ ଏ ସୁନାର ହାର"- "ଛିଇ-ଛି, ଏ
କି କଥା।
ଥଟ୍ଟା କରୁଥିଲି ସିନା ମୁଁ ଦେବାକୁ
ବାରତା ?
କିସ ନ ନେଇଛି, ତୁମଠୁଁ ପୁଣି ଯେ
ମାଗିବି ?
ପେଟ ପୂରେ ଯାକୁ ଦେଖିଲେ, ତାକୁ କି
ରାଗିବି ?
ଶୁଣ ଧନମଣି, ଯାଏ ମୁଁ ହେଲାଣି
ଅନ୍ଧାର,
ସଞ୍ଜେ ବଗିଚାରେ କାଲି ଦେଖିବୁ ସେ
କୁମାର।"

## ।। ଆଠ ।।

(ରାଗ-କାଳୀ)

ଶୁଣ ସାଧବ ଖବର ଶୁଭ ବଧାଇ ନେଲେ ଦେବି
ତବ ମାନସୀ ନବ ବ୍ରତତୀ ତନୁରେ ଗୁଡ଼ାଇବି ।

କି ମନ୍ତ୍ର ଫୁଙ୍କି କାହାଠୁ ଶିଖି ରଚିଲ ଫୁଲହାର
ଛୁଇଁଲାକ୍ଷଣି ସେ ବାଳାମଣି ଭୋଗିଲା ଶୀତ୍କାର ।

ଉଠି ଆସନ୍ତୁ, ବରବଦନୁ ସ୍ମିତ-ମୁକୁତା ବୁଣି
ପଚାରେ କର ଧରି ମୋହର "ସତ କୁହ ମାଳୁଣୀ,

କିଏ ସେ ଦେଲା ? ଧନେ ମିଳିଲା ଚିଜ ଏ ନୁହେଁ କେବେ
ପରଶପ୍ରୀତି ଦେଇ ଗୁନ୍ଥିଛି ମନେ ଯେପରି ଭାବେ ।

ଆମ ନଗରେ ସାହସଭରେ କିଏ ପେଶିବ ମାଳା,
ବିଦେଶୀ କେହି- ସତେ କି ସେହି ?" କହିଚାଲିଲା ବାଳା ।

ତାକୁ ଉତ୍ତରେ ଧରି ଓଠରେ ହଲାଇ ଦେଲି ଧୀରେ
ଇଙ୍ଗିତ ପାଇ ସୁଖ ତା' ବହି ଭାସିଲା ଆଖି -ନୀରେ ।

ତହିଁ ତା ମୃଦୁ ଭୁଜରେ ମଧୁ ଆଶ୍ଳେଷ ଦେଇ ଗାଢ଼େ
ପଡ଼ି ମୋ ବୁକେ ମଧୁର ଦୁଃଖେ ନୟନୁ ନୀଳ ଛାଡ଼େ।

ଫୁଲି ଫୁଲି ସେ ଅଫୁଟା ଭାଷେ କହଇ ମୁହଁ ପୋତି
"ମାଲୁଣୀ ନାନୀ, ମିଳାଅ ଆଣି ଏତିକି ମୋ ମିନିତି।"

ବହୁତ ବୋଧ କରି ଅବୁଝ- ଟାକୁ ଫେରୁଛି ଏଇ
ସାଧବପୁଅ ସଜାଡ଼ ହୁଅ ଗୋପନେ ଯିବି ନେଇ।

ଫୁଟିଲେ କଥା ଯିବ ଏ ମଥା କୁଟୁମ୍ବ ହେବେ କାଟ
ରାଜ କହିଲେ, ମିଶେ ମୁଁ ହେଲେ ପଶନ୍ତି କି ଏ ବାଟ?

ବାଲୁତବେଲୁ ଆଶ୍ରି ଏ ବାହୁ ବଢ଼ିଛି ଯେ ସଂଖାଳି
ତା' ଯୁବାକାଳ ଅର୍ଦ୍ଦୋଳି-ଜାଳ କେମନ୍ତେ ନ ସମ୍ଭାଳି?

ତରୁଣୀ ମନ, ହେଲା ଲଗନ ଯହିଁ ସେ ପ୍ରାଣ ତାର
ଦେହ ଭୂଷଣ, ସୁଖ ସୁଜନ, ତା'ବିନୁ ସବୁ ଛାର।

ଶେଠନନ୍ଦନ ମନରେ ଘେନ ନିଜରେ ଭାଗ୍ୟବନ୍ତ
ଯେ ଦିଏ ଧରା ଧରେ କି ଧରା ତା'ପରି ଶୋଭାବନ୍ତ?

ତନୁ ପାତଳ ଓଠ ପାଟଳ ଝଳା-ସୁବର୍ଣ୍ଣ ଗାଲ
ବାୟସ କୃଷ୍ଣ କୁଟିଳ କେଶ ନିତମ୍ବ ତୁମ୍ବେ ତା'ର।

କଖାରୁ ବୀଜ ପରି ସଲଜ୍ଜ ସୁନ୍ଦର ଦୁଇ ଆଖି
ଅଦରକାରୀ ବୋଲି ସେ ଗୋରୀ କଜଳ ନୁହେଁ ମାଖି।

ଉରୁ-କୁସୁମ- ଭାର-ସରମ ଫଳେ ସେ ନଇଁ ଚାଲେ
କେତକୀଦଳ ଉଡ଼ିଯିବାର ଦେଖିବା ଲୋକ ଭାଳେ।

୩୮ | ମାୟାଧର ମାନସିଂହ

ସେ ଅଚୁମ୍ବିତ    କୁସୁମ ତୁ ତ    ପାଇବୁ ତୋର କରେ
ଭୋଗି ନିଷ୍ଠୁର    ସାଧବପୁଅ,    ନୋହିବୁ ତା’ ଉପରେ ।

ପୁରୁଷ-ମନ    ଭ୍ରମର ସମ    ଫୁଲରୁ ଫୁଲେ ଉଡ଼େ
ନୂତନ ଆଶେ    ମୋହରେ ପଶେ    ଖଟରୁ ଖତକୁଡ଼େ ।

ତାହା ନ କର    ସାହୁ-କୁମର    ରମଣୀ କୁହୁକିନୀ
ପୀରତି ଦେଲେ    ଏକା ସେ ହେବ    ସହସ୍ର ମାୟାବିନୀ ।

ନାରୀ ତ ବୀଣା    ଚାହେଁ ବାଜଣା    ବାୟକ ଫୁଂସ କରେ
ପାରିଲେ ବାଇ,    ଗୀତ ଫୁଟାଇ    ତା’ ଦେହୁ ନିରନ୍ତରେ ।

ଏତିକି ମନେ    ରଖିଥା ଦିନେ    ବୁଝିବ ବୁଢ଼ୀ-କଥା
ସଂଖାଳି ମୋର    ହେବ ତମର,    ଘୁଞ୍ଚୁ ତା’ ପ୍ରାଣ ବ୍ୟଥା ।

## ॥ ନଅ ॥

ମୋ ସ୍ୱପ୍ନ-ରାଜସୁତ ଦୁଆରେ ଠିଆ
ଡାକେ ଘରେ କିପରି,
ଛନକା ପଶି ମୋର ଚମକେ ହିଆ
ମୁଁ କି ତାଙ୍କର ସରି ।

ସାଧବପୁଅ ଭୋଗେ ଦୁଃଖ ମୋ ଲାଗି
ପ୍ରତିଦାନ କି ଦେବି
କି ଗୁଣ ଅଛି ମୋର, - ମୁଁ ଯେ ଅଭାଗୀ
କେହ୍ନେ ପଦ ସେବିବି ?

ମିଳିବ କେବେ ଦେଖା, ଅବା କିପରି
ସଁପି ଦେବି ଚରଣେ
ନିଜକୁ, ନିଜର ଯା ଅଛି ମୋହରି
ତାଙ୍କ ସୁଖ ବର୍ଦ୍ଧନେ ।

ସେ ପ୍ରାଣପ୍ରିୟ ପୀଡ଼ା ଉପଶମନେ
ଦେବି ଛାତି-ରକତ
ତାଙ୍କର ସୁଖ ଖାଲି ହେବ ଜୀବନେ
ମୋର ବାର-ବରତ ।

କିପାଇଁ ସିନ୍ଧୁ, ନଈ ଆସିଲେ କାଟି,
ତାଙ୍କ ଦେଶେ ନଗରେ
ମୋ ପରି ଥିବେନି କି କୋଟିକି କୋଟି,
ମୁଁ କି ଲେଖା ରୂପରେ ?

ତାଙ୍କର ଏ କରୁଣା ଶୁଝେଁ କିପରି,
ମୁଁ ତ ସବୁରେ ହୀନ
ସେବାରେ ତାଙ୍କ, ଯେହ୍ନେ ଯାଏ ମୁଁ ସରି,
ହୁଏ ଚରଣେ ଲୀନ।

ମୁଁ ରହେ ଘରେ ଭଲ ଦାସଦାସୀରେ
ଅଥାନରେ ସେ ରହି
ବୁଲନ୍ତି ଲୁଚି, ଦାସ ନାହିଁ ସାଥିରେ,
ତାଙ୍କ ଦୁଃଖ କି କହି।

ମାଲୁଣୀ, ନେଇ ଯା’ ଲୋ ରତନ ମୁଦି,
କଣ୍ଠୁ ମାଣିକ-ହାର
ରାଜାର ଥାଟେ ତାଙ୍କୁ ରଖିବୁ ବୁଝି,
ସେ ଯେ ରାଜକୁମାର।

ସଜେଇଦେବୁ ତାଙ୍କୁ ବାସ-ଭୂଷଣେ
ଯେବେ ଆସିବେ ପାଶେ,
କହିବୁ, ପାଏ ସୁଖ ଆରେକ ଜଣେ,
ତାଙ୍କ କେଳେଶ ନାଶେ।

ଘୋଡ଼ାରେ ଚଢ଼ି ସୁନା-ମୁକୁଟ ନାଇ
ଚାଲିଯାଆନ୍ତେ ପଥେ,
ଦେଖନ୍ତି ଆଖେ ବାତାୟନରୁ ଚାହିଁ
କିବା ସୁଖ ସେ ମୋତେ।

ରାଜାର ପୁଅ ଡରେ, ଲୁଚି ଗୋପନେ
ମତେ ଦେବେ ଦର୍ଶନ;
ବାଧୁଛି ବଡ଼ ଏହା ମୋର ମରମେ,
ଏ ତ ନୁହେଁ ଶୋଭନ !

ପୁରୁଷ ପରି ମତେ ଲଢ଼ି ସେ ନେବେ
ଲୋକ-ଲୋଚନ ଆଗେ,
ଦେବତା ପରି ମତେ ଅଭୟ ଦେବେ,
ଚୁମ୍ବି ପ୍ରଣୟ-ରାଗେ ।

ବିଳାସେ ହେବି ତାଙ୍କ ହୃଦୟ-ହାର
ଅସ୍ତ୍ର ହେବି ବିପଦେ,
କି ଲାଭ ହୁଏ ଯଦି ମୁଁ ତାଙ୍କ ଭାର,
ବେଢ଼ି ତାଙ୍କ ଶ୍ରୀପଦେ ?

ଆଚ୍ଛା ମାଲୁଣୀ, ଦେଖା ହେଉଲୋ ଆଗେ
ଦେଖା ହେଲେ କହିବି,
ସେ ଯଦି ଚାହୁଁଥିବେ ମୋ ଅନୁରାଗେ,
ବିଶ୍ୱେ କା'କୁ ଡରିବି ?

## ॥ ଦଶ ॥

ଶୁଣ ବାୟୁ, ଶୁଣ ହେ ଆକାଶ,
  ଶୁଣ ଜନ, ବନ, ତରୁଲତା,
ଜୀବନର ସକଳ ବିଳାସ
  ବିଳାସର ସବୁ ମଧୁରତା ।
ମୁଁ ଯେ ପ୍ରାଣେ ଭୋଗୁଛି ନିବିଡ଼େ
  ତେଣୁ ପ୍ରାଣ ଭାସେ ଦୁଇ ତୀରେ ।
ଏ ଧରାର ସାର ଯେ କିଶୋରୀ
  ସେ କିଶୋରୀସାର ଯେ ହୃଦୟ
ସେ ହୃଦୟ ସାର ପ୍ରୀତି-ଝରୀ,
  ହାତେ ମୋର ଦେଖ, ସୁଧାମୟ ।
ପିଇଛି ମୁଁ ମନତୋଷେ ତହିଁ
  ଆନ ମତେ ଦିଶୁଛି ଏ ମହୀ ।
ତୁମେ କେହି ଦେଖିଛ ତ କହ
  ତାହାପରି ଅଛି କେ ଜଗତେ,
ତାହାପରି ପେଲବ ହୃଦୟ,
  ତା ସମାନ ରୂପ ଚିତ୍ରପଟେ ?
ଅନୁପମ ସରସ ସୁନ୍ଦର
  ମୋରହିଁ ସେ, ଏକାନ୍ତ ମୋହର ।
ଓଠେ ଜଳେ ନିଆଁ ତା' ଚୁମ୍ବନେ
  ପୁଲକିତ ତନୁ ତାର ବାସେ
ଆଲୋକିତ ହିଆ ତା' ମିଳନେ,
  ନରବାଣୀ କୋମଳ ତା ଭାଷେ ।

ଚାଲିଲେ ସେ ଫୁଲ ଫୁଟେ ତଳେ
ଘନୀଭୂତ ମଳୟ ତା' କରେ।
କାଟି କାଟି ସପତ ଜଳଧି
ଡେଇଁ ଡେଇଁ ଦେଶ, ନଈ, ନାଳ,
ଆସିଲି ମୁଁ ଖୋଜି ଯେଉଁ ନିଧି
ପାଇଛି ମୁଁ, ତୁଳା କାହିଁ ତାର!
ଇନ୍ଦ୍ରଧନୁ ପରି ସେ ସୁନ୍ଦର
ମେଘ ପରି ସର୍ବଶୁଭଙ୍କର।
ଏଇ ଦେଖ ଆସେ ଉପବନେ,
ଦେଖ ତାର ମୃଦୁ ମଧୁ-ଗତି,
ସୁନାମେଘ ପ୍ରଦୋଷ ଗଗନେ
ଭାସି ଅବା ଯାଏ ପ୍ରାଚୀ ପ୍ରତି।
ତା ତନୁର ସୁନାକାଠି ଲାଗି
ହୀନ ମାଟି ହୁଅଇ ଶୋଭାଙ୍ଗୀ।
ଆସ ସଖି, ଜପ ହୃଦୟର,
ନୟନର ପରମ ଦର୍ଶନ,
ସ୍ୱାଦୁ, ଶୁଭ, ସୁରଭି, ସୁନ୍ଦର
ଆନନ୍ଦର ଚିର-ପ୍ରସ୍ରବଣ।
ବାବଦୂକ କରୁ ତୁହି ମୋତେ
ତୋରି କଥା କହୁଛି ଜଗତେ।
କହୁଅଛି ଡାକି ଏହି କଥା,
ମୁଁ ଯେ ଅତି ଭାଗ୍ୟବାନ୍ ଭବେ।
କଲେ କିଏ କରୁଥାନ୍ତୁ ଥଟ୍ଟା
ମୁହିଁ ଜାଣେ ମୋର ଗଉରବେ।
ଧରଣୀର ସାର ଯେ ସୁନ୍ଦରୀ
ସେ ଯେ ମୋର ପ୍ରାଣ ସହଚରୀ,
ସେ ଯେ ମୋର ସର୍ବ ଶୁଭଙ୍କରୀ
ମୋ ସାଗରେ ନବ ସୁନାତରୀ।

## ।। ଏଗାର ।।

ଭୁଜେ ଭୁଜ ଭିଡ଼ାଭିଡ଼ି, ହୃଦେ ହୃଦ ଧରି
ଚରଣେ ଚରଣ ଥାପି ନିବିଡ଼ ସୋହାଗେ,
ଚୁମ୍ବନ୍ତି ସେ ପରସ୍ପରେ ଜଗତ ବିସ୍ମରି,
ଛାଡ଼ି ପୁଣି ଚୁମ୍ବଦେନ୍ତି ଗାଢ଼ ଅନୁରାଗେ।
ଇନ୍ଦ୍ରିୟେ ଇନ୍ଦ୍ରିୟେ ହୁଏ ପ୍ରାଣ ବିନିମୟ
ମୁଖେ ନ ଆସଇ ଭାଷା, ଭରା ଯେ ହୃଦୟ।

ନ ଦେଖିବେ, ନ ପାଇବେ ଯେହ୍ନେ ଆଉ ଆନେ
ସେହି କ୍ଷଣ ପରେ, ନବ ଯୁବକ ଯୁବତୀ
ତେଣୁ ଚାହୁଁଥାନ୍ତି ପ୍ରିୟେ ଏକ ପୋଷେ ପାନେ
କରିବାକୁ ଚିର ସେହି କ୍ଷଣ ମଧୁରତି।
ସୁଖ ସଙ୍ଗେ ଗୁନ୍ଥା ଚିର ହଜିବାର ଭୟ
ତେଣୁ ତାଙ୍କ ଚିତ୍ତ ଥିଲା ଆଶଙ୍କା-ଅଥୟ।

ମନ୍ଦିର-ଗମନ ଛଳେ ସାଧବନନ୍ଦିନୀ
ଦ୍ୱାର ଖୋଲି ଯାଏ ଚାଲି ଗୃହ ଉପବନେ
କେବେ ବା ଅନ୍ଧାର ରାତି, କେବେ ବା ଚାନ୍ଦିନୀ,
ସମୟର ଜ୍ଞାନ କାହିଁ ପ୍ରଣୟିତ ମନେ ?
ସ୍ଥାନେ କାଳେ ପଦେ ଦଳି ଚାହେଁ ସେ ମିଳନ
ବଢ଼ି ନଈ ମାନେ କାହିଁ ତଟର ଶାସନ ?

ପ୍ରଥମେ ଯେ ଦିନ ସାଧୁସୁତା ଦେଖେ ଦୂରୁ
ପ୍ରାଚୀରର ଆରପଟେ ବାନ୍ଧବ ସଙ୍ଗତେ
ବିଦେଶୀ ସାଧବ ଯୁବା, - ତା' କାନ୍ତ କପାଳୁ
ସ୍ୱେଦବାରି ବହିଗଲା ଭୂଲତାର ଅନ୍ତେ;
'ଏଇ ତ ସେ'-କହି କହି ଆପଣାକୁ ଆପେ
ସୁଖଭୟେ, ଆଶଙ୍କାରେ ବକ୍ଷେ କର ଥାପେ।

ତା'ପର ସନ୍ଧ୍ୟାରେ ହେଲା ପ୍ରଥମ ମିଳନ
ଉପବନ ଏକ କୋଣେ! ସାଧବକୁମାରୀ
ଠିଆଥିଲା ପଛ କରି ସଲଜ୍ଜ ଲପନ
ବୃକ୍ଷ ଡାଳେ ଧରି, ଅତି ଶଙ୍କିତେ ବିଚାରୀ
କେଜାଣି ବା କି ହୋଇବ। - ଆନନ୍ଦର ପୂର୍ବ
କରିଥାଏ ଜନେ ନାନା ଶଙ୍କାରେ ଅଥର୍ବ।

ତାକୁ ସେ ଶଙ୍କାରୁ କରି ଉଦ୍ଧାର; ଅଭୟ
ଦେଲା ସେ ସୁନ୍ଦର ଯୁବା, ପାଶେ ଆସି ତାର
ସ୍ନେହେ ଧରି ପ୍ରିୟାକର ପ୍ରେମ-କମ୍ପ-ମୟ,
ନିକଟ ଆସନେ ଏକ ବସାଇ, ଗଳାର
ମଣିମୟ ହାର କାଢ଼ି ଧଇଲା ଦି'କରେ
ଧୀରେ ଧୀରେ ପିନ୍ଧାଇଲା ବରାଙ୍ଗୀର ଗଳେ,

ସରମରେ ସୁକୁମାରୀ ନ ଟେକେ ବଦନ,
ପାଶେ ଘୁଞ୍ଚି ତେଣୁ ଯୁବା ଟେକେ ମୁଖ ତାର,
ଦ୍ୱିତୀୟା ଚନ୍ଦ୍ରମା ସମ ହସି, ତା' ଲପନ
ତରୁଣୀ ଛଟକେ ଘେନିଯାଏ ଅନ୍ୟ ଆଡ଼;
ଦୁଇ ହାତେ ବନ୍ଦୀକରି ସାହସୀ ତରୁଣ,
ଥାପିଲେ ସେ ମୁଖ ବକ୍ଷେ, ଲଜ୍ଜାରେ ଅରୁଣ।

ସେ ହେଲା ପ୍ରଥମ ଦେଖା; ପ୍ରତି ରଜନୀରେ
ତା ପରେ ମିଶିଲେ ବେନି ପ୍ରାଣୀ ବାରେ ବାରେ
ଅତ୍ୟନ୍ତ ଗୋପନେ ଗୁପ୍ତ ସଂକେତ-ସ୍ଥଳୀରେ।
ଦିନ ସାରା ଚାହିଁଥାନ୍ତି ମିଳନର କାଳେ;
ବୈଶାଖେ ଧରଣୀ ଯଥା ଅପେକ୍ଷେ ସଂଧ୍ୟାରେ
ବିପନ୍ନ ନାବିକ ଲୋଡ଼େ ଯେସନ ବେଳାରେ।

ଦେଖା ହେବାବେଳୁଁ ବିଦାୟର ବେଳ ଯାଏ
ବେନି ମଧ୍ୟେ ନାହିଁ ଥାଏ ତିଳ ବ୍ୟବଧାନ,
ଡେଣା ଛନ୍ଦାଛନ୍ତି ବେନି ପକ୍ଷୀ ଥିଲା ପ୍ରାୟେ
ରହି, କରୁଥାନ୍ତି ପ୍ରୀତି ଦାନ ପ୍ରତିଦାନ।
ବେନିଏ ଚାହାନ୍ତି ମିଶି ଏକ ହେବେ ପରା
ଚୁମ୍ବନ, ଆଶ୍ଳେଷ ତା'ର ଚେଷ୍ଟା ପରମ୍ପରା।

କ୍ରମେ ପଦେଅଧେ କଥା ତୁଣ୍ଡରୁ ବାହାର
'ଆସ' 'ବସ' 'ଚାଲିଯିବ'? 'ଆସିବ ନା କାଲି'?
କ୍ରମେ ବାଣୀ କରୁଁ ତାଙ୍କ ପ୍ରଭାବ ପ୍ରସାର
ମୁକୁତାରୁ ହେଲା କ୍ରମେ କଥା, ଥଟ୍ଟା, ଗାଳି।
ପ୍ରଗଲ୍‌ଭ ତ ଚିରକାଳ ରମଣୀ-ରସନା,
ତରୁଣଙ୍କୁ ଖନା କରେ ତା' ବଚ-ରଚନା।

ବିଦେଶେ କି ଭୋଜନର ସଉଖ୍ୟ-ସମ୍ଭବ?
ଭାବି, ସୁଗୃହିଣୀ ପରି ଉତ୍ତମ ମିଷ୍ଟାନ୍ନ,
ତରୁଣୀ ଲୁଚାଇ ଆଣି ଖୁଆଏ ସାଧବ-
ପୁଅଙ୍କୁ, ସୋହାଗେ ପୁଣି ସୁବାସିତ ପାନ
ଗୁଞ୍ଜିଦିଏ ପ୍ରିୟ ଓଠେ ଦୁଇଖଣ୍ଡ କରି,
ଓଠେ ଓଠେ ନିଅନ୍ତି ତା ହୋଇ ଛଡ଼ାଛଡ଼ି।

କ୍ଳାନ୍ତି ଛଳକରି ସୁକୁମାରୀ ପଡ଼େ ଢଳି
ବେଳେବେଳେ ଯୁବା କୋଳେ ମୃତ ପକ୍ଷୀସମ,
ଦେଖେ ଯୁବ ପ୍ରିୟା ଗଣ୍ଡ ଜୋଛନାରେ ଝଳି,
ବକ୍ଷେ ଛାୟା-ଆଲୋକର କ୍ରୀଡ଼ା ମନୋରମ।
ପ୍ରାଣର ପରମ ପ୍ରେୟ ସେ ନବ ରୂପସୀ-
ଗଣ୍ଡେ ଚାହୁଁ ଚାହୁଁ ଡେରି ହୋଇଯାଏ ନିଶି।

ଏମନ୍ତେ ତରୁଣ-ପ୍ରୀତି ଉଚ୍ଛନ୍ନ, ଉଦ୍‌ବେଳି,
ଚାଲିଲା ଗୋପନେ କିଛିକାଳ ବାଧାହୀନ,
ବେଳାଚାରୀ ମୃଗସମ, ପ୍ରଣୟୀଯୁଗଳ
ଲଘୁପଦ କ୍ଷେପି କାଟିନେଲେ କିଛି ଦିନ।
ଲଘୁ କରିବାରେ ଗୁରୁଭାର ଜୀବନର,
ନିଜରେ ଦେବାଠୁ କିବା ଅଛି ଶ୍ରେଷ୍ଠତର ?

ଜୀବ ହୁଏ ଶିବ, ଦେଲେ ନିଜେ ବହୁ ପାଇଁ
ପ୍ରେମିକ ହୁଅନ୍ତି, ଦେଲେ ଦୁଇ ପରସ୍ପରେ,
ବହୁ-ହିତ-ସୁଖ ମହାଜନେ ସିନା ପାଇ,
ପ୍ରୀତି ଦେଇ ସେହି ସୁଖ ଭୁଞ୍ଜନ୍ତି ଅପରେ।
ପ୍ରୀତି, ପୂଜା ଶୁଭକର୍ମ ଏକ ଉପାଦାନ
ସ୍ଥାନ ଭେଦେ ଦିଶେ ଥିବାପରି ବ୍ୟବଧାନ।

ଇଚ୍ଛନ୍ତି ଯୁବତୀ ଯୁବା ଦେବେ ଆଉ ନେବେ
ଦେହ, ହୃଦ, ପ୍ରାଣ, ଅଶ୍ରୁ, ଅନ୍ତର, ବାହାର;
ସାଧବଙ୍କ ସୁତ ସୁତା ମିଳିଯାନ୍ତି ଯେବେ
ବହୁ ଅପେକ୍ଷାରେ, ତାଙ୍କ ପ୍ରାଣର ଜୁଆର
ମିଶିବାକୁ ପରସ୍ପରେ ଧାବଇ ଉତ୍‌କୂଳ,
ଚୁମ୍ବକ, ଅୟସେ ଯଥା କରଇ ଆକୁଳ।

ନବୀନ ମିଳନ ସୁଖେ ମଗ୍ନ ବେନି ଜନ,
ଅନଭିଜ୍ଞ ଦୁହେଁ, ଭାବୁଛନ୍ତି ସେହି ଶେଷ,
ଦିନେହେଲେ ନ କରନ୍ତି ମନେ ବିଚାରଣ
ଯାପରେ ଭବିଷ୍ୟେ ଅଛି ସୁଖ ଅବା କ୍ଳେଶ।
ଥିବ କି ଏ ସ୍ନେହ ଚିର? - ବାଳା ନ ପଚାରେ;
ଆଶଙ୍କାର ଚିହ୍ନ ନାହିଁ ତରୁଣ ଆତ୍ମାରେ।

ପରସ୍ପରେ ଭୋଗି ଦୁହେଁ ଥାଆନ୍ତି ବିଭୋର;
ଦିନେକ ମାଲୁଣୀ ଦେଲା ଚମକ ସମ୍ବାଦ,
ଜଗୁଥିବା ଛକି ଛକି ରାଜ-ଗୁପ୍ତଚର
ଜାଣି ଏଥି ଯୁବକର ଗମନ ଅବାଧ।
ସେଦିନ ମିଳନବେଳେ ଯୁବତୀ ପ୍ରସ୍ତାବେ
"ଚାଲ ଘେନି ମତେ ଲୁଚାଇଣ ତବ ନାବେ।"

ଦିନେ ଦୁହେଁ ଲୁଚି ହେଲେ ଦାଣ୍ଡକୁ ବାହାର,
କୃଷ୍ଣ ନିଶୀଥରେ, କରି ଆଗରୁ ଯୋଗାଡ଼
ପାଦେ କଲା ବିଶ୍ୱସ୍ତା ଯେ ମାଲୁଣୀ ଜୁହାର;
ଦୁର୍ଗା ସ୍ମରି କଲେ ଦୁହେଁ ଶୁଭେ ପାଦ-ଚାର।
କିଛି ଦୂର ଯାଇଛନ୍ତି, ଶୁଭିଲା ପଶ୍ଚାତୁଁ
ଆସିବାର ତାଙ୍କ ଆଡ଼େ ଦ୍ରୁତ ଘୋଡ଼ାଟାପୁ।

## ।। ବାର ।।

"ଧର୍ ଧର୍, ମାର୍ ମାର୍
ବାଁଧ, -ନାହିଁ କର ଖୁଣ,
ଆଜ୍ଞା ଅଛି ଟୋକୀଟାକୁ
ନାହିଁ କର ଟାଣ୍‌ଟୁଣ।
ବିଦେଶୀର ହାତେ ଏ ଯେ,
ଲମ୍ବା, ଲଘା ତଲୁଆର,
ଠେଙ୍ଗା ଖାଲି ଆମ ହାତେ,
ଭୁଲ୍‌କଲା ସରଦାର୍।"
ସରଦାର କହେ ହାଙ୍କି
"ମାଲ ତମେ ଶହେ ପରା,
ତଲୁଆର କି କରିବ ?-,
ଅଟକାରେ ଘୋଡ଼ା ଗଲା।
ଅଶ୍ୱାର୍ ଯିଏ ଅଛ,
ତଲୁଆର ଖୋଲିନିଅ
ଘୋଡ଼ା ଅଟକାଇ ଆଗେ
ପାଇକଙ୍କୁ କାମ ଦିଅ।"
ଖସାଖସ୍ ଖସାଖସ୍
ଘୋଡ଼ା ଛୁଟେ ବାଲି ପରେ
ଗରଜେ ଦରିଆ ଆଗେ,

ବୋଇତ ନାଚଇ ଜଳେ।
ସାଧବର ସୁକୁମାରୀ
କନ୍ୟା ଘେନି କଳିଙ୍ଗର-
ସାଧବତନୟ ଛୁଟେ,
ଦୁହେଁ ଝାଳେ ସରସର।
ତରୁଣ କହଇ ମୁଖ-
ଲେଉଟାଇ 'ଭୟ ନାହିଁ',
ତରୁଣୀ କହଇ ମୁଖ-
ତୋଳି, 'ଭୟ କାହିଁପାଇଁ?'
ତରୁଣ କହଇ "ଆମେ
ହେଲେ ଆସି ବୋଇତରେ",
ତରୁଣୀ କହଇ "ରାଜା,
ପାଇକ ଯେ ଆସି କଡ଼େ!"
କହୁଁ କହୁଁ ଦେଲେ ଛକି
ରାଜା ପାଞ୍ଚ ଅଶ୍ୱାର୍
"ନାରୀ ଛାଡ଼ି ଚାଲିଯାଅ"
ହାଁକେ ଉଚ୍ଚେ ସରଦାର।
"ପ୍ରାଣ ଥିଲାଯାଏ ଦୁହେଁ"
ତରୁଣ ପ୍ରଣୟୀ କହେ,
ଘୋଡ଼ା ତାର ଫୁତ୍କାରି
ଥୟେ ଭୂମେ ନାହିଁ ରହେ।
ସରଦାର କହେ ଡାକି
"ପାଇକେ ଟୋକୀକି ଦେଖ,
ଟୋକା ତ ନ ଶୁଣେ କଥା
ହାଣକୁ ଦେଖାଏ ବେକ।
ତା' ହିଁ ହେଉ- ଲାଗିଯାଅ।"
ଶୁଣୁ ଶୁଣୁ ପାଇକାଳି
ଟାଣି ତଳେ କିଶୋରୀକି
ହେଲେ ଠିଆ ବାନ୍ଧି ଧାଡ଼ି।

କ୍ଷଣିକ ଛନକା ଘୁଞ୍ଚୁ
ନୀବୀ ତଳୁ କାଢ଼ି ଛୁରା
ଗରଜେ ସାଧବଝିଅ
"ଛୁଅଁ ତ ପାମରଗୁରା।"
ଘୋଡ଼ା ଲେଉଟାଇ ଏଣେ
ଝମକାଇ ତଲବାର
ସାଧବ ତନୟ ଧାଏଁ
ଯିବ, ଯହିଁ ପ୍ରିୟା ତାର।
ତଲୁଆରେ ତଲୁଆରେ
ଲାଗେ ଧକ୍‌କା ଝଣାଝଣ୍,
ଅନ୍ଧକାରେ ଫୁଟି ଉଠେ
ଶାଣ ଲୌହୁଁ ଅଗ୍ନିକଣ।
ସାଧୁସୁତା ଧାଇଁ ଆସେ,
ଅଟକାନ୍ତି ପାଇକାଳି
ସାଧୁ ସୁତ ଧସିଯାଏ,
ହୁଏ ଖଡ୍‌ଗେ ମରାମରି।
ଶେଷରେ ଗଲାଣି ଜଣା
ତଲୁଆର ଚୋଟ ବାଜି
ସାଧୁ ସୁତ ଦେହ, ବାସ
ରକତେ ଗଲାଣି ଭିଜି;
ଦୁଇ ପ୍ରଣୟୀର ଚୋଟେ
ପାଞ୍ଚ ଛଅ ରାଜା-ଲୋକ
ଗଡ଼ିଲେଣି ତେଣେ ତଳେ,
ବନି ବହେ ଭକ୍‌ଭକ୍।
ଏକା ଏକା ଶହେ ସାଥେ
କେମନ୍ତେ ଲଢ଼ିବେ ଆଉ,
ଅଶକତେ ଗଲେ ଢଳି
ଦୁହେଁ ଦୁହିଁ ନାମ କହୁ।
ଚକିତେ ଛଡ଼ାଇ ଛୁରା

ଟେକି ନେଉ ଘୋଡ଼ାପରେ
କିଶୋରୀ ଚମକି ହେଲା
ଉଭା ପୁଣି ତେଜଭରେ ।
କହଇ କରୁଣ ବାଣୀ,
"ଶୁଣ ବାବା ସରଦାର,
ନିଅ ମୋର ହୀରାନୀଳା,
ବହୁ-ମୂଲ୍ୟ-କଣ୍ଠ-ହାର ।
ତାଙ୍କ ପାଖୁ ଛାଡ଼ି ମତେ
ନିଅ ନାହିଁ"-କହି ଧାଏଁ;
"ଆଜ୍ଞା ନାହିଁ", "ମୁଣ୍ଡ ଯିବ"
ବୋଲି, ଶତ୍ରୁ ଅଟକାଏ ।
ଅଟକାଇ ଏଥରକ,
ଦେଲେ ବାନ୍ଧି ମୁଖ ହାତ
ଥୋଇ ଘେନି ଗଲେ ଅଶ୍ୱେ,
ଲୁହେ ଓଦା ସାରା ବାଟ ।
କି କି ହେଲା ବୋଲି ଏଣେ
ବୋଇତରୁ ଆସୁଁ ଜନେ
ରାଜା-ଅଶ୍ୱବାର ସବୁ
ପଳାଇଲେ ଏଣେତେଣେ ।
ଦେଖିଲେ ସେମାନେ ସାଧୁ-
ସୁତ ପଡ଼ି ଅନ୍ଧକାରେ
ଅଧାଚେତା, ଡାକୁଅଛି
"ଅଛି ତ ସେ ମୋ ପାଶରେ ?"

॥ ତେର ॥

ପ୍ରଭଂଜନ ପରେ ଶାନ୍ତ ହେଲାପରି ଧରା,
ଜଣାପଡ଼େ ସେ ନଗର । ପାଇକ ପହରା
ଚାରିଆଡ଼େ, ଚୁପି ଚୁପି ହୋନ୍ତି କୁହାକୁହି
ନଗ୍ରଜନେ ଲୁଚ, ଘର ପଛପଟେ ରହି ।

ସାଧବ ଖାଇଛି ହଣା, ବିଦେଶୀ ଯୁବାର
ଲୋକବାକ ବନ୍ଦୀ, ଦୁଇ ବୋଇତ ତାହାର
ହୋଇଅଛି ଦଗ୍‌ଧ, ସାଧୁସୁତ, ସାଧୁସୁତା
କାହିଁ ଛନ୍ତି, କାହିଁ ଗଲେ, ମିଳେ ନାହିଁ ପତ୍ତା ।

ଏହିପରି ନାନା କଥା ଉଠେ ଲୋକମୁଖେ
କେ କହଇ ଥଟ୍ଟାକରି, କହେ କେହୁ ଦୁଃଖେ ।

ମାଲୁଣୀଟା କାନ୍ଦେ ଉଚ୍ଚେ ପୁଷ୍କରିଣୀ ଘାଟେ
ଶୁଣି ଠିଆ ହେଉଛନ୍ତି ଯିବା ଲୋକ ବାଟେ ।
"କାଣୀ କୁଜୀ ଘର କରି ରହନ୍ତି ସୁଖରେ
ସୁନାକାଠି ମୋର ମଲା ଏତେ କଲବଲେ ।

କାହାପାଇଁ ଫୁଲ ଆଉ ଗୁନ୍ଥିବି ଯତନେ,
କିଏ ପଣତରେ ଗୁନ୍ଥିଦେବ ଖୁସି ମନେ
ପିଠାପଣା, ଧନଦ୍ରବ୍ୟ, ଯାହା ଯେଉଁ ଦିନ;
କା' ହାତକୁ ଚାହିଁବେ ଗୋ ଆଉ ଦୀନ ହୀନ ।

ପିଲାକାଳୁ କୋଳକରି, କରିଲି ମନିଷ
ବିଧାତା ତୁ ଅମୃତକୁ କରିଦେଲୁ ବିଷ।
ଜପି ଜପି ଯୁଗ-ଯୁଗ ଯାହାକୁ ସଂଖାଳି
ପାଇଥିଲା, କ୍ଷଣକେ ସେ ହାତୁ ଗଲା ଭାରି।

ଦୂରୁଁ ଯେ ଦରିଆ କାଟି ଆସିଥିଲା ଧାଇଁ
ଦଣ୍ଡେ ହେଲେ ମୋ ଧନକୁ ଭୋଗକଲା ନାଇଁ।
କାହିଁକି ଦୁହିଁଙ୍କି ବିଧି କରାଇଲୁ ଦେଖା,
ଏକ ଆନ ପାଇଁ କରି ରହିଲେ ଅପେକ୍ଷା,

ମିଶିଲାବେଳକୁ ତାକୁ ଫିଙ୍ଗିଲୁ ଛିଣ୍ଡାଇ,
ତୋ ବେଭାର ବିଧାତାରେ ବୁଝାପଡ଼େ ନାଇଁ।
ଏକ ଆନ ପାଇଁ ଯେହ୍ନେ ହୋଇଥିଲେ ଗଢ଼ା,
ମିଶିଲାବେଳକୁ ବିଧି କଲୁ ଛଡ଼ା ଛଡ଼ା।

କାହିଁ ଗଲେ କେ କହିବ, ଜଣାପଡୁ ନାଇଁ;
କେ କହେ ବନ୍ଦୀ ସେ ଦୁହେଁ ଦୂର ଗଡ଼େ ଯାଇ।
କେ କହେ  ବି ହଣାହେବେ, -ଆହା ହାତ କା'ର,
ତାଙ୍କ ଗଳେ ଚଳାଇବ ପୁଣି ତଲବାର।

ବନ୍ଦୀ ହୋଇଥିଲେ ସେ ତ ଆହୁରି କଷଣ
ଭୋକେ ଶୋଷେ ପଡ଼ିଥିବ, କାନ୍ଦି ଅନୁକ୍ଷଣ।
ନିତିଦିନ ଭୋକୀଙ୍କି ଯେ ଅନ୍ନ ଦେଉଥିଲା
ତାକୁ ବିଧି କେଉଁ ପାପେ ରଖିବୁ ଭୋକିଲା।

ପାପୀ ଅତ୍ୟାଚାରୀ ଯେହ୍ନୁ ବଞ୍ଚି ସୁଖ କରେ,
ଦେବଶିଶୁ ଦୁହେଁ ମୋର ଭୋକ-ଶୋଷେ ମଲେ।
ବୃଦ୍ଧା କାଳେ ଏୟା ମତେ ଦେଖିବାକୁ ଥିଲା
ଶୁଣିଲାବେଳରେ ଛାତି କିଆଁ ନ ଫାଟିଲା।"

## ।। ଚଉଦ ।।

ଗହନ ବନ-ଭୂଇଁ, କୁଆଡ଼େ କେହି ନାହିଁ
ରହିଛି ଗଡ଼ ତହିଁ ଅମୁହାଁ,
ହୁଅନ୍ତି କୁହାକୁହି ବନ୍ଦିନୀ ତହିଁ ବାଳା,
ଜଗାଳି, ରାଜାଘର ଛାମୁଆ।
ଉପରେ ନିରଜନେଅନ୍ଧାର ଘରକଣେ
ପଡ଼ିଛି ଅନାହାରେ, ଅବେଶେ,
କହିଛି ରଜାପୁଅ "ଯେ ଯାଏଁ ନ ମଙ୍ଗିଛି
ସେ ଯାଏଁ ନ ଛାଡ଼ିବ" କେବେ ସେ।
ଦିନକେ ଥରେ ଖାଲି ଚେଟୀଏ ଯାଇ ପାଶେ
ମାଗଇ ଅଙ୍ଗୀକାର ସରାଗେ,
ଲୋକରେ ଶୁଣାଶୁଣି ଫେରଇ ସେ ବିଚାରି
ପ୍ରହାର ଖାଇ ନିତି ବିରାଗେ।
ଜଗିଛି ରାଜାପୁଅ କୋପେ ପ୍ରତାପେ ଜିଣି
ଯିବ ସେ ହାତେ ଧରି ମାଣିକ,
ରୂପର ବିପଣୀରେ ସଦମ୍ଭ ଠାଣିରେ ସେ
ଦେଖାଇ ହେବ ବଡ଼ ବଣିକ।
ଦିନେକ ନିଶୀଥରେ ସକଳେ ନିଦଭୋଳ
ଅନ୍ଧାର ଘୋର ସେହି ବିପିନେ,
କାହୁଁ ସେ ବଇରାଗୀ ନୀରବ ନିଶି ଭାଙ୍ଗି

ଗାଇଲା ଗାଥା ଅତି କରୁଣେ ।
"କାହିଁ ରେ ଗଲୁ ପ୍ରିୟା ଦୋସର ପ୍ରାଣ ମୋର
ବଞ୍ଚିଛୁ ମରିଛୁକି ନ ଜାଣି,
ମୁଁ ଅନ୍ଧ, ଅନ୍ଧକାରେ ହଜିଲା ଚିଜ ଖୋଜେ
ଆକୁଳେ କରୁଅଛି ଭ୍ରମଣି ।
ନଗରୁ ନଗରେ ମୁଁ ଖୋଜିଲିଣି ରେ କେତେ
ଖୋଜିଛି ବନ, ବିଲ, ପ୍ରାନ୍ତର,
ଚାଲି ତଳିପା-ମାଂସ ହେଲାଣି ଆସି ଶେଷ,
ହେଲିଣି ଅନାହାରେ ଦୁର୍ବଳ ।
କ୍ଷଣକ ଲାଗି ହେଲେ ଦେଖାଇ ଦିଅନ୍ତା କେ
ସେ ଦୁଇ ଆଖି ସୁଧା-ବହନ୍ତୀ
ସକଳ ଦୁଃଖ ମୋର ଉଭେଇଯାଆନ୍ତା ରେ,
ଚାହିଁ ଚାହିଁ ମୁଁ ସୁଖେ ମରନ୍ତି ।
ସାଧବ ପୁଅ ମୁହିଁ ତା' ଲାଗି ଝୁରି ହୋଇ
କାଙ୍ଗାଳ ପରି ବୁଲେ ମହୀରେ,
ମରିବା ଆଗୁଁ ଖାଲି ଏତିକି ଜାଣନ୍ତା ସେ
ତାକୁ ମୁଁ ଭୁଲି ନାହିଁ ନାହିଁ ରେ ।
ମୋ ଛାର ପାଇଁ ସିନା କୁସୁମ-ସୁକୁମାରୀ
ପାଇଲା ଏତେ ଏତେ କଷଣ,
ସେ ଯେଣୁ ପାଶେ ନାହିଁ, ମଶାଣି ମତେ ମହୀ,
ବଂଚିବା ମତେ ଅତି ଭୀଷଣ ।
ରାଜାର କଟୁଆଳେଛଡ଼ାଇ ନେଲେ କାହିଁ
ଏ ବାହୁପାଶୁ କାଢ଼ି ତାହାରେ,
କି ଟାଣେ ଧରିଥିଲା ଶେଷ ନିମିଷଯାଏଁ
ମୋ ଗଳା, କୋମଳ ତା' ବାହାରେ ।
'ବିଧାତା ଏହା କଲୁ'- କାତରେ କହୁ ପ୍ରିୟା
କାହିଁ ଯେ ଘେନିଗଲେ ଚଣ୍ଡାଳେ,
କେହି ନ ପାରେ କହି ଖୋଜିଲି ସାରା ମହୀ
ଜୀବନେ ଅଛି କିନା ବିଚାରେ ।

ବୋଇତ ମୋର ନେଲା   ରାଜାର ପୁଅ ଭାଙ୍ଗି,
    ଶତ୍ରୁରେ ମାରି, ନେଲା ସମ୍ପତ୍ତି,
ପଳାଇ ପ୍ରାଣ ରଖି କେବଳ ମୁହିଁ ମୂଢ଼
    ଅନୁଭବୁଛି ଗାଢ଼େ ବିପତ୍ତି।
କୁଆଡ଼େ ଯିବି ଆଉ   କାହିଁବା ଖୋଜିବି ମୁଁ
    ନିଶୀଥେ ଗହନ ଏ କାନନେ”-;
କହୁଁ ଉପରେ ଶୁଭେ   ଖୋଲିବା ବାତାୟନ,
    ରମଣୀସ୍ୱର କ୍ଷୀଣ କମ୍ପନେ।
ଚମକି ଚାହିଁଲା ସେ   ଚକିତେ ଉପରକୁ,
    ଶୁଭିଲା ଉପରେ କେ ଭାଷିଲା,
“ଏଇ ଯେ ମୁହିଁ ପ୍ରିୟ   କୋଳକୁ ପୁଣି ନିଅ”
    କହି ସେ ତନ୍ୱୀ ତଳେ ଖସିଲା।
ଭାଷ ନ ହେଉ ଶେଷ   ସରିଲା ତା ନିଶ୍ୱାସ,
    କରକା ପଡ଼ି ଯେହ୍ନେ ଗଳଇ,
ଭୂତଳେ ହୋଇ ଛେଚି   ପଡ଼ିଲା ସେ ମୂରୁଛି;
    ସାଧବପୁଅ ଧାଇଁ କୋଳଇ।
କୋଳେ ସେ ଜାକି ଚୁମ୍ବ   ଦିଅନ୍ତେ, ନବ ଶବ
    ବାହୁରେ ଧରେ ତାକୁ ଆଶ୍ଲେଷେ,
“ମତେ ଗୋ ସାଥେ ନିଅ”- କହି ସାଧବପୁଅ
    ପଡ଼ିଲା ଢଳି ମଧୁ ଆବେଶେ।
ଶବଦ ଶୁଣି ନିଦେ ଚକିତେ ଉଠି ସର୍ବେ
    ଆସିଲେ ଘେନି ହାତେ ମଶାଲ,
ରାଜାର ପୁଅ ମିଳି ଦେଖନ୍ତି କୋଳାକୋଳି
    ଦୁଇଟି ଶବ ପ୍ରୀତି-ରସାଳ।
ପାଷାଣ ପରି ହୋଇ   ରହିଲେ ଚାହିଁ ମହୀ
    ବଚନ-ହୀନ କଲା ସେ ଛବି,
ଜୀବନ ବାଧା ଡେଇଁ   ମିଳନ-ସିନ୍ଧୁ ପାଶେ
    ମରଣ-ପଥେ ପ୍ରୀତି-ଜାହ୍ନବୀ।

# ସାଧବ ଝିଅ ଓ କବି ମାନସିଂହ

**ଜୀବନୀ-** ଡକ୍ଟର ମାୟାଧର ମାନସିଂହ (୧୯୦୫-୧୯୭୩) ଓଡ଼ିଆ ସାହିତ୍ୟ ଇତିହାସରେ କବି, ନାଟ୍ୟକାର, ପ୍ରାବନ୍ଧିକ, ସମାଲୋଚକ ତଥା ଜଣେ ଶିକ୍ଷାବିତ୍ ଭାବେ ପ୍ରତିଷ୍ଠିତ। କିନ୍ତୁ ଅଗଣିତ ସାଧାରଣ ପାଠକଙ୍କ ହୃଦୟ ଭୂମିରେ ମାନସିଂହ ଜଣେ କବି ଭାବରେ ହିଁ ଅଧିଷ୍ଠିତ।

ଏକପଟେ ମରାଳମାଳିନୀ ନୀଳାମ୍ବୁ ଚିଲିକା, ଆରପଟେ ନୀଳ ମହୋଦଧି। ଦକ୍ଷିଣ ଦିଗରୁ ପଶ୍ଚିମ ପଟ ଦେଇ ଚିଲିକା ତୀରରେ ଉତ୍ତରପାଖ ପର୍ଯ୍ୟନ୍ତ ମୁକୁଟ ମଣ୍ଡନ କରି ଦଣ୍ଡାୟମାନ ନୀଳପାହାଡ଼ମାଳା। ଗ୍ରାମର ସୀମାକୁ ଲାଗି ଚିଲିକା ତୀରବର୍ତ୍ତୀ ସବୁଜ ଫସଲ କ୍ଷେତ। କିଆକେତକୀ ଅରଣ୍ୟ ମଧ୍ୟରେ ପୋଲାଙ୍ଗ, ଲଙ୍କାଆମ୍ବ, ତାଳତମାଳ, ନାରିକେଳର କୁଂଜବେଷ୍ଟିତ ମନୋରମ ବାଲିବନ୍ତ। କବିବର ରାଧାନାଥଙ୍କ ସଖୀପ୍ରତିମ ଚିଲିକା, ଯାହାର ପରବର୍ତ୍ତୀ ଜଟିଆ କୋଳରେ ନିବାସ ରଚନା କରି ପଶ୍ଚିମ ଜୀବନ ଯାପନ ପାଇଁ କବି ରାଧାନାଥ କଳ୍ପନା କରିଥିଲେ, ସେହି ଚିଲିକାର ବହୁରଂଗୀ ବେଶ ସଂଦର୍ଶନ କରୁଥିବା ପରିବେଶରେ ବାଳକ ମାୟାଧର ବାଲ୍ୟ ଜୀବନ ଅତିବାହିତ କରିଥିଲେ। ଚିଲିକାର ଦକ୍ଷିଣପୂର୍ବ କୋଣରେ ଠିଆହୋଇଛି ନନ୍ଦଳା ଗାଁ, ଚିଲିକାର ନୀଳଜଳକୁ ସ୍ପର୍ଶକରି। ଖଣ୍ଡାୟତ ଗାଁ। ପାଇକାଳୀ ଗାଁ। ଅତୀତରେ ଓଡ଼ିଶା ରାଜାଙ୍କ ପାଇକ ଥିଲେ ସେମାନେ। ଓଡ଼ିଶାର ବୀର ସୈନିକ। କୃଷକ ସୈନ୍ୟ। ନିଜ କ୍ଷେତରେ କାମ କରନ୍ତି, ସଞ୍ଜ ହେଲେ ପାଇକ ଆଖଡ଼ାରେ

କସରତ କରନ୍ତି, ସାଧନ କରନ୍ତି ଗଦା ବୁଲାଇ, ଖଣ୍ଡା ତଲୁଆର ବୁଲାଇ, ଠିକ୍ ସାରଳା ମହାଭାରତର ବୀରମାନଙ୍କ ପରି। ମାଟି ମା' ଧାନ ଦିଏ, ଚିଲିକା ଆଉ ମହୋଦଧି ମାଛ ଦିଅନ୍ତି। ଗାଁଲୋକମାନେ ପୁରୁଷାନୁକ୍ରମେ ଏମିତି ଚଳିଆସୁଛନ୍ତି।

ଏହିଭଳି ଏକ ଗ୍ରାମରେ ଖଣ୍ଡାୟତ ପରିବାରରେ ଜନ୍ମ ହୋଇଥିଲେ କବି ମାନସିଂହ। ଜନ୍ମ ତାଙ୍କର ଖ୍ରୀ. ୧୯୦୫ ମସିହା ନଭେମ୍ବର ମାସ ୧୩ ତାରିଖରେ। ପିତାଙ୍କ ନାମ ପଦ୍ମଚରଣ ମାନସିଂହ। ମାନସିଂହ ତାଙ୍କର ପାରିବାରିକ ପଦବୀ ନୁହେଁ। ପଦ୍ମଚରଣଙ୍କ ମାନସିଂହ ଉପାଧି ରାଜଦତ୍ତ। ପଦ୍ମଚରଣଙ୍କ ପିତାଙ୍କ ନାମ ସତ୍ୟବାଦୀ ନାୟକ। ସେ ମଧ୍ୟ ଜଣେ କବି। ସତ୍ୟବାଦୀ ନାୟକ ପାରିକୁଦ ରାଜଦରବାରର ଅମିନ ଥିଲେ, ମାତ୍ର ସେ କବି ଭାବେ ଦରବାରରେ ପରିଚିତ ଥିଲେ। ସତ୍ୟବାଦୀ ନାୟକଙ୍କର ପାଞ୍ଚ ପୁଅ ଓ ଗୋଟିଏ କନ୍ୟା। ପୁଅଙ୍କ ନାମ- ଅଗାଧୁ ନାୟକ, ପଦ୍ମଚରଣ ମାନସିଂହ, ଯୁଗଳ ନାୟକ, ବୈକୁଣ୍ଠ ନାୟକ ଓ ବାଞ୍ଛାନିଧି ନାୟକ। ପଦ୍ମଚରଣଙ୍କର ଦୁଇ ଝିଅ ଗୋଟିଏ ପୁଅ। ବଡ଼ ଝିଅ ସୁଜା ଅନେକ ଦିନ ପର୍ଯ୍ୟନ୍ତ ଜୀବିତ ଥିଲେ, ମାତ୍ର ସାନଝିଅ ଧୋବୀ ଅକାଳରେ ମୃତ୍ୟୁବରଣ କରିଥିଲେ।

ନିପଟ ପଲ୍ଲୀ ଅଞ୍ଚଳର ହେଲେ ମଧ୍ୟ, ଏକ ସଂସ୍କୃତିସମ୍ପନ୍ନ ପରିବାରରେ କବି ମାୟାଧରଙ୍କ ଜନ୍ମ। କବିଙ୍କ ପିତା ଅକାଳରେ ଅର୍ଥାତ୍ ମାୟାଧରଙ୍କୁ ମାତ୍ର ଚାରିବର୍ଷ ହେଲାବେଳକୁ ଇହଲୀଳା ସମ୍ବରଣ କଲେ। ଶୁଣାଯାଏ ସେହି ଦୁଃଖରେ ମା' ସୁଭଦ୍ରା ଦେବୀ ଆତ୍ମହତ୍ୟାକଲେ। ଏକାନ୍ନବର୍ତ୍ତୀ ପରିବାରରେ ମାନସିଂହଙ୍କ ଲାଳନ ପାଳନରେ କୌଣସି ଅସୁବିଧା ହେଲାନାହିଁ। କିନ୍ତୁ ମାନସିଂହଙ୍କ ମନ ମଧ୍ୟରେ ଏକ ସ୍ନେହର ଅଭାବବୋଧ ସାରା ଜୀବନ ରହିଯାଇଥିଲା, ଯାହା ତାଙ୍କର ସାହିତ୍ୟରେ ପ୍ରତିଫଳିତ। ପାରିକୁଦ ରାଜଦରବାରରେ ମାନସିଂହଙ୍କ ସାଆନ୍ତବାପା ଅଗାଧୁ ନାୟକଙ୍କର ସୁନାମ ବି ଥାଏ। ମାୟାଧରଙ୍କ ବାଲ୍ୟଶିକ୍ଷା ପାରିକୁଦ ଗଡ଼ରେ ଆରମ୍ଭ ହେଲା।

ମାନସିଂହଙ୍କ ଆବିର୍ଭାବ ଐତିହାସିକ ଦୃଷ୍ଟିକୋଣରୁ ଗୋଟିଏ ଗୁରୁତ୍ୱପୂର୍ଣ୍ଣ ସମୟ। ଇଂରେଜମାନେ ଓଡ଼ିଶା ଅଧିକାର କରିବାର ପ୍ରାୟ ଏକ ଶହ ବର୍ଷରୁ ଅଧିକ ହୋଇଥିଲେ ହେଁ, ଓଡ଼ିଶା ରାଜ୍ୟର ସୀମା ସେପର୍ଯ୍ୟନ୍ତ ନିର୍ଦ୍ଧାରିତ ହୋଇ ନ ଥାଏ। ଏ ସମୟକୁ ଓଡ଼ିଆମାନଙ୍କ ଭିତରେ ତତ୍‌ସମ୍ପର୍କିତ ଜାଗରଣର ସୂତ୍ରପାତ ହୋଇସାରିଥାଏ। ଆଧୁନିକ ସାହିତ୍ୟ ସୃଷ୍ଟି କ୍ଷେତ୍ରରେ ଫକୀରମୋହନ, ରାଧାନାଥ, ମଧୁସୂଦନଙ୍କର ସମସ୍ତ ସୃଷ୍ଟି ପ୍ରକାଶଲାଭ କରିଥାଏ। ସ୍ୱଭାବକବି ଗଙ୍ଗାଧର, ପଲ୍ଲୀକବି ନନ୍ଦକିଶୋର, ନାଟ୍ୟକାର ରାମଶଙ୍କର ତଥା ପ୍ରାବନ୍ଧିକ ବିଶ୍ୱନାଥ କର ପ୍ରମୁଖ ଉତ୍କଳର ସାହିତ୍ୟିକ ବାତାବରଣକୁ ଜାଗ୍ରତ ରଖିଥାନ୍ତି। ସର୍ବଭାରତୀୟ

ସ୍ୱାଧୀନତା ସଂଗ୍ରାମ ଆରମ୍ଭ ହୋଇଯାଇଥାଏ। ମାନସିଂହଙ୍କ ସାହିତ୍ୟ ସୃଷ୍ଟିର ପ୍ରାକ୍‌କାଳରେ ଉତ୍କଳୀୟ ଜାତୀୟତା ସମ୍ପର୍କରେ ଯେଉଁ ଚମକ ଖେଳିଯାଇଥିଲା, ତାହା ପରବର୍ତ୍ତୀ କାଳର ମାନସିଂହଙ୍କ ସୃଷ୍ଟିରେ ସ୍ପଷ୍ଟ।

ମାନସିଂହଙ୍କ ବିଦ୍ୟାରମ୍ଭ ସମୟକୁ ସାହିତ୍ୟ ପତ୍ରିକା ଭାବରେ ବିଶ୍ୱନାଥ କରଙ୍କ 'ଉତ୍କଳ ସାହିତ୍ୟ', ବ୍ରଜସୁନ୍ଦର ଦାସଙ୍କ 'ମୁକୁର' ପ୍ରତିଷ୍ଠିତ ତଥା ସମ୍ମାନିତ। ରାଜନୈତିକ ଆବହାଓ୍ୱା ଦୃଷ୍ଟିରୁ ମାନସିଂହଙ୍କ ସାଆନ୍ତବାପା ଅଗାଧୁ ନାୟକ କେବଳ ପାରିକୁଦର ଦେବାନ ନ ଥିଲେ, ସେ ଉତ୍କଳ ସମ୍ମିଳନୀର ଜଣେ ସଙ୍ଗଠକ ତଥା ପ୍ରତିନିଧି ସ୍ଥାନୀୟ ବ୍ୟକ୍ତି ଥିଲେ। ଏହି ସମୟକୁ ଉତ୍କଳୀୟ ଜାତୀୟତାର ଅନ୍ୟତମ କେନ୍ଦ୍ରାନୁଷ୍ଠାନ ସତ୍ୟବାଦୀ ବନବିଦ୍ୟାଳୟ (୧୯୦୯) ପ୍ରତିଷ୍ଠା ହୋଇସାରିଥାଏ। ସତ୍ୟବାଦୀ ସ୍କୁଲ ଓ ତା'ର କର୍ମକର୍ତ୍ତାଗଣ ସେତେବେଳେ ଲୋକମାନଙ୍କର ଆଦର୍ଶ ହୋଇ ରହିଥାନ୍ତି। ସତ୍ୟବାଦୀ ସ୍କୁଲ ମଧ୍ୟ ସାରା ଓଡ଼ିଶାର ଛାତ୍ରମାନଙ୍କର ଲକ୍ଷ୍ୟସ୍ଥଳ ଥାଏ। ମାନସିଂହଙ୍କର ସ୍ୱପ୍ନ ବି ଥିଲା ସତ୍ୟବାଦୀ ସ୍କୁଲର ଛାତ୍ର ହେବାପାଇଁ; ମାତ୍ର ପରିବାରର ଇଚ୍ଛା ଥିଲା ଭିନ୍ନ। ଏଣୁ ମାନସିଂହ ସତ୍ୟବାଦୀ ସ୍କୁଲର ଛାତ୍ର ହେବା ତ ଦୂରର କଥା, ସତ୍ୟବାଦୀ ସ୍କୁଲକୁ ଦେଖିବାର ସୁଯୋଗ ବି ପାଇ ନ ଥିଲେ।

ମାୟାଧର ମାନସିଂହଙ୍କ ପ୍ରାଥମିକ ଶିକ୍ଷା ପାରିକୁଦ ଗଡ଼ରେ ଓ ମାଇନର ଶିକ୍ଷା ବାଣପୁର ମାଇନର ସ୍କୁଲରେ ଏବଂ ହାଇସ୍କୁଲ ଶିକ୍ଷା ଖୋର୍ଦ୍ଧା ହାଇସ୍କୁଲରେ ସମ୍ପନ୍ନ ହୋଇଥିଲା। ୧୯୨୬ରେ ସେ ଖୋର୍ଦ୍ଧା ହାଇସ୍କୁଲରୁ ପ୍ରଥମ ଶ୍ରେଣୀରେ ମାଟ୍ରିକ୍, ୧୯୨୮ରେ ରେଭେନ୍‌ସା କଲେଜରୁ ଆଇ.ଏ. ପାସ୍ ବେଳକୁ ସେ ଜଣେ କବି ଭାବରେ ପରିଚିତ ହୋଇସାରିଲେଣି। ଖ୍ରୀ. ୧୯୩୦ରେ ସେ ରେଭେନ୍‌ସା କଲେଜରୁ ଇଂରାଜୀ ସାହିତ୍ୟରେ ଦ୍ୱିତୀୟ ଶ୍ରେଣୀରେ ଅନର୍ସ ସହିତ ବି.ଏ. ପାସ୍ କରି ୧୯୩୨ରେ ପାଟଣା ବିଶ୍ୱବିଦ୍ୟାଳରୁ ଇଂରାଜୀ ସାହିତ୍ୟରେ ଏମ୍.ଏ. ପାସ୍ କରିଥିଲେ।

୧୯୩୨ ମସିହାରେ ମାୟାଧରଙ୍କର ଶ୍ରୀମତୀ ହେମଲତାଙ୍କ ସହିତ ବିବାହ ସମ୍ପନ୍ନ ହୋଇଥିଲା। ଏମ୍.ଏ. ପାସ୍ କରିଥିଲେ ମଧ୍ୟ ସେତେବେଳେ ଏତେ ଚାକିରି ନ ଥିଲା। ବାଣପୁରରେ ପଣ୍ଡିତ ଗୋଦାବରୀଶ ମିଶ୍ର ସତ୍ୟବାଦୀ ଢାଞ୍ଚାରେ ଗୋଟିଏ ସ୍କୁଲ ଖୋଲିଥିଲେ। ମାୟାଧର ଡି.ଇଡି.ପାସ୍ ପରେ ବାଣପୁର ସ୍କୁଲରେ ଶିକ୍ଷକତା କଲେ। ଅଳ୍ପଦିନ ପରେ ସେ ସ୍କୁଲରୁ ବିଦାୟ ନେଇ ନିଜ ଗ୍ରାମକୁ ଫେରିଯାଇଥିଲେ। ପରେ ୧୯୩୪ ମସିହା ଶେଷ ଆଡ଼କୁ ନିମାପଡ଼ାର ଜୁବୁଲି ହାଇସ୍କୁଲରେ ଶିକ୍ଷକତା କରିବାକୁ ଗଲେ। ସେଠାରେ ଦରମା ମାସକୁ ଷାଠିଏ ଟଙ୍କା। ବିଭିନ୍ନ ଦିଗରୁ ମାନସିଂହ ସେଠାରେ ଶାନ୍ତିରେ ଥିଲେ, ମାତ୍ର ପରେ ଭବାନୀପାଟଣା ହାଇସ୍କୁଲରେ ଆସିଷ୍ଟାଣ୍ଟ

ହେଡ୍‌ମାଷ୍ଟର ପୋଷ୍ଟ ପାଇ ମାସିକ ନବେ ଟଙ୍କା ବେତନ ମିଳିବା ସୁଯୋଗ ପାଇ ନିମାପଡ଼ା ଛାଡ଼ି ଭବାନୀପାଟଣାରେ ଯୋଗଦାନକଲେ।

ଭବାନୀପାଟଣାରେ ଶିକ୍ଷକତା କରୁଥିବା ସମୟରେ ମାନସିଂହ ଉଚ୍ଚଶିକ୍ଷା ପାଇଁ ୧୯୩୭ ମସିହା ଅଗଷ୍ଟ ୨୦ ତାରିଖରେ ବିଲାତ ଯାତ୍ରା କଲେ। ବିଲାତରେ ଅଭାବ ଓ ଦାରିଦ୍ର୍ୟ ସଂଗେ ସଂଗ୍ରାମ କରି ମାନସିଂହ ଡରହାମ୍ ବିଶ୍ୱବିଦ୍ୟାଳୟରୁ 'କାଳିଦାସ ଓ ସେକ୍ସପିୟରଙ୍କ' ଉପରେ ତୁଳନାତ୍ମକ ଅଧ୍ୟୟନ କରି ପି.ଏଚ୍‌ଡି. ଉପାଧି ଲାଭ କଲେ।

ଡକ୍ଟର ମାନସିଂହ ବିଲାତରୁ ଫେରି କିଛିଦିନ ବେକାର ରହିବା ପରେ ପୂର୍ବ-ଗଡ଼ଜାତ ସମୂହର ଶିକ୍ଷା ପରାମର୍ଶଦାତା ରୂପେ ନିଯୁକ୍ତି ପାଇଲେ। ସେତେବେଳେ ସମ୍ବଲପୁରରେ ବ୍ରୁକ୍‌ସ ହିଲ ପାହାଡ଼ ଉପରେ ଥିବା ସର୍କିଟ ହାଉସ୍‌ରେ ରହୁଥିଲେ। ମାନସିଂହ ତାଙ୍କ କାର୍ଯ୍ୟକାଳ ଭିତରେ ଯେଉଁଠି ରହିଛନ୍ତି କିଛି ନୂଆ କରିବାର ମନୋଭାବ ନେଇ କାମ କରିଛନ୍ତି - ମାତ୍ର ସମୟ ଓ ଶାସନଦଣ୍ଡ ତାଙ୍କର ପରିପନ୍ଥୀ ହୋଇଛି। ସ୍ପଷ୍ଟବାଦିତା, ଭାବପ୍ରବଣତା ତଥା ଆଦର୍ଶବାଦର ମୋହ ଅନେକ ସମୟରେ ଡ. ମାନସିଂହଙ୍କ ଜୀବନରେ ଉତ୍‌ଥାନ ଓ ପତନର ଯୁଗପତ୍ କାରଣ ବୋଲି ପରିଦୃଷ୍ଟ ହୋଇଛି। ସେ ସମସାମୟିକ ରାଜନୀତି ବା ରାଜନୈତିକ ନେତାଙ୍କ ଅନୁକୂଳରେ ନ ଯିବାରୁ, ଚାକିରି ଲାଭ କ୍ଷେତ୍ରରେ ନାନା ସମସ୍ୟାର ସମ୍ମୁଖୀନ ହୋଇଛନ୍ତି। ଖ୍ରୀ. ୧୯୨୮ରେ ପଣ୍ଡିତ ଗୋପବନ୍ଧୁଙ୍କ ପରଲୋକ ଗମନରେ ବ୍ୟଥିତ ହୋଇ ପରେ କେତୋଟି କବିତା ଲେଖିଥିବାରୁ, କଳା ହାକିମମାନେ ତାଙ୍କୁ ଇଂରେଜ ସରକାରଙ୍କର ବିଦ୍ରୋହୀ ବୋଲି ଧରିନେଇଥିଲେ। ସେଥିପାଇଁ ମାନସିଂହଙ୍କ ସହପାଠୀମାନେ ସେତେବେଳର ଲୋଭନୀୟ ଚାକିରି ଡେପୁଟୀ ଭାବରେ ଯୋଗଦେଇଥିଲେ ମଧ୍ୟ ସେମାନଙ୍କଠାରୁ ଅଧିକ ଯୋଗ୍ୟ ମାନସିଂହଙ୍କ ଭାଗ୍ୟରେ କଳାଦାଗ ବସିଯାଇଥିଲା।

ଇଂରେଜ ରାଜତ୍ୱ ସମୟରେ ସମଗ୍ର ପ୍ରାକୃତିକ ଉତ୍କଳ ଦୁଇପ୍ରକାର ଶାସନରେ ଥିଲା। କେତେକ ଅଞ୍ଚଳ ଇଂରେଜ ସରକାରଙ୍କ ପ୍ରତ୍ୟକ୍ଷ ଶାସନରେ ଥିଲା, ଗଡ଼ଜାତ ସମୂହ ରାଜାମାନଙ୍କ ଅଧୀନରେ ଓ ଇଂରେଜ ସରକାରଙ୍କ ପରୋକ୍ଷ ଶାସନରେ ରହୁଥିଲା। ରାଜାମାନେ ପ୍ରଜାମାନଙ୍କଠାରୁ ରାଜସ୍ୱ ଆଦାୟକରି ପରୋକ୍ଷ କର ଭାବରେ ଇଂରେଜ ସରକାରଙ୍କୁ ଦେଉଥିଲେ। ସେହି ଗଡ଼ଜାତ ରାଜ୍ୟଗୁଡ଼ିକରେ ଏତେ ଛୋଟ ଛୋଟ ରାଜ୍ୟ ଥିଲେ ଯେ, ସେମାନଙ୍କର ଆୟ ଯଥେଷ୍ଟ କମ୍ ଥିଲା। ସେହି ସ୍ୱଳ୍ପ ପରିମାଣରେ ସେମାନେ ରାଜ୍ୟର ଉନ୍ନତି ତଥା ପ୍ରଜାମାନଙ୍କର ମଙ୍ଗଳ ପାଇଁ, ଶିକ୍ଷା, ପୂର୍ତ୍ତ, ପୋଲିସ୍, ଫରେଷ୍ଟ, ରେଭିନ୍ୟୁ ଆଦି ବିଭାଗକୁ ନିପୁଣ ଭାବରେ ଚଳାଇ ପାରୁ

ନ ଥିଲେ। ସେଥିପାଇଁ ସେକାଳର ପଲିଟିକାଲ ଡିପାର୍ଟମେଣ୍ଟ ଏଇ ଗଡ଼ଜାତମାନଙ୍କ ପାଇଁ ପରାମର୍ଶଦାତା (ଆଡ୍‌ଭାଇଜର) ପୋଷ୍ଟ ସୃଷ୍ଟି କରିଥିଲେ। ତାଙ୍କରି ଉପଦେଶ ଅନୁସାରେ ସେହି ସେହି ଡିପାର୍ଟମେଣ୍ଟ ଭିନ୍ନ ଭିନ୍ନ ରାଜ୍ୟରେ ପରିଚାଳିତ ହେବ। ସେହି ପଦ୍ଧତି ଅନୁସାରେ ଡକ୍ଟର ମାୟାଧର ମାନସିଂହ ପୂର୍ବାଞ୍ଚଳ ଗଡ଼ଜାତ ସମୂହର ଶିକ୍ଷା-ପରାମର୍ଶଦାତା ଭାବରେ ଯୋଗଦେଲେ। ସେ ଗଡ଼ଜାତରେ ଶିକ୍ଷାର ଉନ୍ନତି କଳ୍ପେ ନାନା ପରିବର୍ତ୍ତନ ପାଇଁ ଚେଷ୍ଟାକଲେ। ଭାରତ ସ୍ୱାଧୀନତା ଲାଭ କଲା ପରେ ଯେଉଁ ଧନ୍ଦା-ମୂଳକ ବା ବୃତ୍ତି-ଭିତ୍ତିକ ଶିକ୍ଷାଦାନର ମହତ୍ତ୍ୱ ଉପଲବ୍ଧି କରାଯାଉଛି, ଇଷ୍ଟର୍ଣ୍ଣ ଷ୍ଟେଟ୍ ଏଜେନ୍‌ସିର ଶିକ୍ଷା-ପରାମର୍ଶଦାତା ଥିବାବେଳେ, ଡ. ମାନସିଂହ ସେପ୍ରକାର ଶିକ୍ଷାର ଅଭାବ ଅନୁଭବ କରି ତା'ର ପ୍ରଚଳନ ପାଇଁ ପରାମର୍ଶ ଦେଇଥିଲେ।

ଏହି ଆଦର୍ଶ ଓ ଜାତି ଗଠନ ଚେଷ୍ଟାର ଲକ୍ଷ୍ୟ ହିଁ ମାନସିଂହଙ୍କ ସହିତ ରାଜାମାନଙ୍କର ବିରୋଧର କାରଣ ହେଲା। ସେମାନେ ଭାବିଲେ ଯେ ଏହାଦ୍ୱାରା ରାଜାମାନଙ୍କର ଏକଛତ୍ର ଭାବ ତଥା ସାର୍ବଭୌମତ୍ୱ ଲୋପ ପାଇଯିବ। ରାଜାମାନଙ୍କର ମିଳିତ ଚେଷ୍ଟାରେ ଏଜୁକେଶନାଲ୍ ଆଡ୍‌ଭାଇଜର ପୋଷ୍ଟକୁ ହିଁ ଉଠାଇ ଦିଆଗଲା - ଯାହା ଫଳରେ ମାନିସିଂହ ୧୯୪୬-୪୭ ମସିହାରେ ଦ୍ୱିତୀୟ ଥର ପାଇଁ ବେକାର ହୋଇ କଟକରେ ବସିରହିଲେ।

ମାନସିଂହ ବିଲାତରୁ ଫେରିଲା ପରେ କିଛିଦିନ ପାଇଁ ରେଭେନ୍‌ସା କଲେଜରେ ଅସ୍ଥାୟୀ ଇଂରାଜୀ ଅଧ୍ୟାପକ ଥିଲେ। ପରେ ଯେତେବେଳେ ରେଭେନ୍ସାରେ ଓଡ଼ିଆ ଏମ୍.ଏ. ଖୋଲିଲା ସେତେବେଳେ ଅଳ୍ପଦିନ ପାଇଁ ବି ଅଧ୍ୟାପନା କରିଥିଲେ। ଏହାପରେ ସେ କିଛିଦିନ ପାଇଁ ଶିକ୍ଷା ବିଭାଗରେ ଇନ୍‌ସ୍ପେକ୍ଟର ଭାବରେ ଦକ୍ଷିଣ ଓଡ଼ିଶା ଓ ଉତ୍ତର ଓଡ଼ିଶାରେ କାର୍ଯ୍ୟ କରିଥିଲେ। ସବୁ ସମୟରେ କିଛି ନୂଆ କାମ କରିଯିବାର ଉଦ୍ୟମ ପ୍ରଶାସନକୁ ସୁହାଉ ନ ଥିଲା। ଏଣୁ ସର୍ବଦା ସେ ସରକାରୀ କଳର ରୋଷର ଶିକାର ହେଉଥିଲେ। ସରକାରୀ ଦଣ୍ଡ ସ୍ୱରୂପ ତାଙ୍କୁ ସମ୍ବଲପୁର ଗଙ୍ଗାଧର ମେହେର କଲେଜର ଅଧ୍ୟକ୍ଷ ଭାବରେ ବଦଳି କରାଗଲା। ଏଇଠି ହିଁ ମାନସିଂହ ତାଙ୍କ ଜୀବନର ଶ୍ରେଷ୍ଠ କାର୍ଯ୍ୟ ପ୍ରଦର୍ଶନ କଲେ।

ମେହେର କଲେଜରେ ଯୋଗଦାନ କଲା ପରେ ସେ କଲେଜର ସର୍ବାଙ୍ଗୀନ ଉନ୍ନତି ପାଇଁ ଲାଗିପଡ଼ିଲେ। ପ୍ରଥମେ ସେ ଆରମ୍ଭ ହେଲା କଲେଜର ରୋଷେଇଶାଳାର ସଂସ୍କାର। ଏହାପରେ ମେହେର କଲେଜର ଚାରି ପାଖରେ ଥିବା ପ୍ରାୟ ୫୦/୬୦ ହାଇସ୍କୁଲର ହେଡ୍‌ମାଷ୍ଟରମାନଙ୍କୁ ଯୋଗାଯୋଗ କରି ସ୍କୁଲ ଓ କଲେଜ ପାଠପଢ଼ାରେ

ସମନ୍ୱୟ ଆଣିବାକୁ ଉଦ୍ୟମ କରିଥିଲେ। କଲେଜରେ କୋ-ଅପରେଟିଭ୍ ଷ୍ଟୋର ଖୋଲି ପିଲାମାନଙ୍କର ନିତ୍ୟ ବ୍ୟବହାର୍ଯ୍ୟ ଦ୍ରବ୍ୟ ଯୋଗାଇବାର ବ୍ୟବସ୍ଥା କରିଥିଲେ। ମେସ୍ ଓ କ୍ୟାଣ୍ଟିନ୍‌ର ବ୍ୟବସ୍ଥା କରି ପିଲାମାନଙ୍କୁ ସୁଲଭ ମୂଲ୍ୟରେ ଉତ୍ତମ ଜିନିଷ ଯୋଗାଇବାର ବ୍ୟବସ୍ଥା କରାଇଥିଲେ। ଗୋଶାଳା ପ୍ରତିଷ୍ଠା କରି ପିଲାମାନଙ୍କୁ ଦୁଗ୍ଧ ଯୋଗାଇବାର ବ୍ୟବସ୍ଥା କରାଗଲା। କଲେଜ ବଗିଚାକୁ ବଢ଼ାଇ ପ୍ରଚୁର ପରିବା ଉତ୍ପନ୍ନ କରାଗଲା। ପାଠ ପଢ଼ାରେ ଉନ୍ନତି କରାଯାଇ ବିଦ୍ୟାର ସମ୍ମାନ ଉପରକୁ ଉଠିଲା। ବିଶ୍ୱବିଦ୍ୟାଳୟ ପରୀକ୍ଷାରେ ପିଲାମାନେ ଭଲ କଲେ। କଲେଜରେ ଗୋଟିଏ ଭଲ ମାସିକ ପତ୍ରିକା ପ୍ରକାଶ ପାଇଲା। ସୁନ୍ଦର ଭାବରେ ଅଭିନୀତ କଲେଜର ବାର୍ଷିକ ଡ୍ରାମା ବି ଲୋକମାନଙ୍କର ଦୃଷ୍ଟିଆକର୍ଷଣ କଲା। କଲେଜର ନୂଆ ବିଲଡିଂ ସହିତ ଷ୍ଟାଫ୍‌ମାନଙ୍କପାଇଁ ଚମତ୍କାର ଘର ତିଆରି ହୋଇ ସୁନ୍ଦର ଏକ କଲୋନୀ ପ୍ରସ୍ତୁତ କରାଗଲା। ପିଲାମାନଙ୍କ ପାଇଁ ନୂଆ ଛାତ୍ରାବାସର ପ୍ଲାନ୍ ଓ ମୂଳ ପତ୍ତନ ବି ପଡିଲା। ତା' ସହିତ ଭବିଷ୍ୟତର ବହୁ ଯୋଜନା ସହିତ ନୂଆ ନୂଆ ଚିନ୍ତାର ପ୍ରୟୋଗ କରାଯାଉଥିବା ସମୟରେ ମାନସିଂହଙ୍କୁ ମେହେର କଲେଜରୁ ତଡ଼ିଦିଆଗଲା। ମାନସିଂହ ତାଙ୍କର ଆଠବର୍ଷର କର୍ମସ୍ଥଳୀ ଛାଡ଼ି କଟକ ଆସିଲେ।

ସମସାମୟିକ ପରିବେଶ ଓ ପବନକୁ ଲକ୍ଷ୍ୟକରି ଛତା ଧରିବାର ଯୋଗ୍ୟତା ମାନସିଂହଙ୍କର ଅବଶ୍ୟ ନ ଥିଲା। ଯେଉଁ ପଦବୀରେ ତାଙ୍କୁ ଅଧିଷ୍ଠିତ କରାଯାଉଥିଲା, ସେଥିରେ ସେ ମନପ୍ରାଣ ଦେଇ ଲାଗିଯାଉଥିଲେ। ଗଙ୍ଗାଧର ମେହେର କଲେଜରୁ ମାନସିଂହଙ୍କୁ ଏକ ନିଷ୍କ୍ରମଣ ପଦବୀ ଦେଇ, ପ୍ରୌଢ଼ ସାମାଜିକ-ଶିକ୍ଷା-ଅଫିସର ଭାବରେ ପ୍ରେରଣ କରାଗଲା। ଏହାର ଦଶବର୍ଷ ଆଗରୁ ମାନସିଂହ ପ୍ରଥମେ ୧୯୪୬-୪୭ରେ ଓଡ଼ିଶାର ପ୍ରଥମ ସାମାଜିକ-ଶିକ୍ଷା-ଅଫିସର ଭାବରେ ମାତ୍ର ଚାରିମାସ ପାଇଁ ସେହି ବିଭାଗରେ ନିଯୁକ୍ତି ପାଇଥିଲେ। ଦ୍ୱିତୀୟ ଥର ମାନସିଂହ ଏହି ବିଭାଗରେ ମାତ୍ର ନଅ ମାସ କାର୍ଯ୍ୟ କରିଥିଲେ। ଏହି ସ୍ୱଳ୍ପ ସମୟ ଭିତରେ ବି ମାନସିଂହ ଅନେକ ନୂଆ ନୂଆ କାମ କରିଗଲେ। ଏଥର ବି ମାନସିଂହ ଏକ ଚକ୍ରାନ୍ତର ଶିକାର ହୋଇ ପଦଚ୍ୟୁତ ହେଲେ ଓ ତାଙ୍କର ଜଣେ ଜୁନିୟରଙ୍କ ଅଧୀନରେ ବାରିପଦା କଲେଜକୁ ଲେକ୍‌ଚରର ହୋଇ ବଦଳି ହେଲେ।

୧୯୫୭ ନଭେମ୍ବର ଶେଷକୁ ଡଃ ମାନସିଂହ ଉତ୍କଳ ବିଶ୍ୱବିଦ୍ୟାଳୟରେ ଜ୍ଞାନକୋଷ ବିଭାଗର ମୁଖ୍ୟରୂପେ ନିଯୁକ୍ତି ପାଇଲେ। ସମ୍ପାଦନ କାର୍ଯ୍ୟ ବି ଠିକ୍ ଭାବରେ ଚାଲିଥିଲା, ମାତ୍ର କେତେକ ରାଜନୈତିକ ରୋଷର ଶିକାର ହୋଇ ୨୭-୮-୧୯୬୫ରେ ଡ. ମାୟାଧର ମାନସିଂହଙ୍କୁ ଏହି ଅନୁଷ୍ଠାନରୁ ତଡ଼ିଦିଆଗଲା। ଓଡ଼ିଆ

ଏନ୍‌ସାଇକ୍ଲୋପେଡିଆର ଜହ୍ନ ଓ ମୃତ୍ୟୁ ନାମକ ଦୀର୍ଘ ଆଲୋଚନାରେ ମାନସିଂହ ଏ ସମ୍ପର୍କରେ ବ୍ୟାପକ ଆଲୋଚନା କରିଛନ୍ତି। ମାନସିଂହ ଅବସର ଗ୍ରହଣ ପରେ କିଛି ଦିନ ବ୍ରହ୍ମପୁର ଖଲ୍ଲିକୋଟ କଲେଜର ଅଧ୍ୟକ୍ଷ ଭାବରେ କାର୍ଯ୍ୟ କରିଥିଲେ।

ମାନସିଂହ ସରକାରୀ କାର୍ଯ୍ୟରୁ ଅବସର ନେବା ପୂର୍ବରୁ ଓ ପରେ ବି ଜୀବନରେ ନାନା ବିବଦମାନ ପରିବେଶରେ ସନ୍ତୁଳି ହୋଇଛନ୍ତି। ତାଙ୍କ ରଚିତ ଓଡ଼ିଆ ସାହିତ୍ୟର ଇତିହାସ (ଇଂରାଜୀ ଓ ଓଡ଼ିଆ) ଏକ ପ୍ରଚଣ୍ଡ ସାହିତ୍ୟିକ ଝଡ଼ ସୃଷ୍ଟି କରିଥିଲା।

ଜୀବନସାରା ଝଡ଼-ଝଞ୍ଜା ଓ ସଂଘର୍ଷରେ ବିତାଇଥିବା ମାନସିଂହ ୧୯୭୩ ମସିହା କୁମାରପୂର୍ଣ୍ଣିମା ରାତିରେ ସେ ପୁରକୁ ବିଦାୟ ନେଇଗଲେ। ଜୀବନ ସାରା ସେ ଜହ୍ନ ଓ ଜନ୍ମମାଟିକୁ ଭଲପାଉଥିଲେ। ତେଣୁ ମୃତ୍ୟୁପାଇଁ ବିଶ୍ୱନିୟନ୍ତା ଯେପରି କୁମାର ପୂର୍ଣ୍ଣିମା ରାତିକୁ ବାଛି ବାଛି ରଖିଲେ। ମାତ୍ର କୁଆଁର ପୂନେଇ ରାତିରେ ବି ଜହ୍ନ ଦେଖାଦେଲାନି। କଳା ବାଦଲରେ ଜହ୍ନ ଯେପରି ମୁହଁ ଲୁଚାଇଦେଲେ, ତାଙ୍କ ପାଇଁ ଆକାଶରୁ ଅବାରିତ ବର୍ଷା ଲୁହ ଢାଳିଲା, ପ୍ରତିବାଦ ଛଳରେ ସାରା ରାତି ବହିଚାଲିଲା ଅବିଶ୍ରାନ୍ତ ଝଡ଼। ଓଡ଼ିଶାରେ କେହି କିଛି ଜାଣିବା ଆଗରୁ ଅଭିମାନୀ କବିଙ୍କ ଶରୀର ଶ୍ମଶାନର ପାଉଁଶରେ ମିଶିଯାଇଥିଲା।

କବି ମାନସିଂହ ଏ ମାଟିକୁ ଭଲପାଉଥିଲେ। ତାଙ୍କର ଆଦ୍ୟ ଜୀବନର କବିତାରେ ଦେଶାତ୍ମବୋଧର ଯେଉଁ ଗଭୀର ଆଲେଖ୍ୟ ଦେଖାଯାଏ ତାହା ଖୁବ୍ କମ୍ କବିଙ୍କ ଲେଖାରେ ହିଁ ମିଳିଥାଏ। ଛାତ୍ର ଜୀବନରେ ଘଟିଥିବା ନିଜସ୍ୱ ଅନୁଭୂତିକୁ ସେ ତାଙ୍କର ବିଖ୍ୟାତ କାବ୍ୟ 'ଧୂପ'ରେ ହିଁ ଉଲ୍ଲେଖ କଲେ। ନିଜସ୍ୱ ପ୍ରେମକୁ କବିତାରେ ଗାଇଗଲେ। ପ୍ରଣୟୀ ଜୀବନର ଗାଥାକୁ କ୍ରମାନ୍ୱୟରେ ବିଭିନ୍ନ କବିତାରେ ଗାଇ ଏକ ପ୍ରଣୟ-କାବ୍ୟ କହିଗଲେ। ତାଙ୍କର ଅର୍ଦ୍ଧଶତାବ୍ଦୀ (୧୯୨୩ ରୁ ୧୯୭୩) ମଧ୍ୟରେ ମାତ୍ର ଅଳ୍ପ କେତେ ବର୍ଷ ପ୍ରେମ-କବିତା ରଚନା କରିଛନ୍ତି, ଅବଶିଷ୍ଟ ସମୟ ସାହିତ୍ୟର ବିବିଧ ଧାରାରେ ବିଭିନ୍ନ ବିଷୟ ଲେଖିଯାଇଥିଲେ ବି ଆଲୋଚନା ଅଭାବରୁ ତାଙ୍କୁ କେବଳ ପ୍ରେମିକ-କବି କହି ତାଙ୍କର ଗଦ୍ୟ ରଚନା ଓ ଅନ୍ୟାନ୍ୟ ବୌଦ୍ଧିକ ସୃଷ୍ଟି ପ୍ରତି ସାଧାରଣ ଆଲୋଚକମାନେ ଅବହେଳା କରିଆସିଛନ୍ତି। ଆଦ୍ୟ ଜୀବନରେ ସେ ଗଳ୍ପ ଲେଖିଥିଲେ, ପରେ ଗୋଟିଏ ମାତ୍ର ଉପନ୍ୟାସ ଲେଖିଥିଲେ। ଏହି ଦୁର୍ବଳ ଦିଗକୁ ଛାଡ଼ିଦେଲେ କବିତା, କାବ୍ୟ, ନାଟକ, ଭ୍ରମଣ କାହାଣୀ, ପ୍ରବନ୍ଧ, ସାହିତ୍ୟ ଆଲୋଚନା, ଜୀବନୀ, ଆତ୍ମଜୀବନୀ, ଅନୁବାଦ ଓ ପ୍ରଚୁର ଇଂରାଜୀ ରଚନା ହିଁ ଚିନ୍ତାନାୟକ ମାନସିଂହଙ୍କର ସାହିତ୍ୟ ପ୍ରତି ମହାନ୍ ଅବଦାନ।

**କାବ୍ୟକାର ମାନସିଂହ-** ଡକ୍ଟର ମାୟାଧର ମାନସିଂହ ତାଙ୍କ ସମସାମୟିକ

ସବୁଜ କବିବର୍ଗଙ୍କଠାରୁ ଭିନ୍ନ । ସବୁଜ କବିମାନେ ଯେତେବେଳେ ସବୁଜ ପରୀ, ଆସ୍‌ମାନ ପରୀ ଦେଖି, ଗ୍ରହ ତାରକା ଏଡ଼ାଇ ସପନଲୋକର ଗୋପନ ପୁରକୁ ଯିବାପାଇଁ ଇଚ୍ଛା କରୁଥିଲେ ଓ ଯଉବନର ଝରଣା କୂଳରେ ବୁଲି ଏ ମରତକୁ ମରୀଚିକାର ଭାବନା ଡେଇଁ ପଳାୟନର ସ୍ୱପ୍ନ ଦେଖୁଥିଲେ, ମାନସିଂହ ଦେଖୁଥିଲେ ଏଇ ମାଟିକୁ । ଅବଶ୍ୟ ତରୁଣ କବିର ଆଶା କବିତାରେ ମାନସିଂହ ବି କବି ମନର ସ୍ୱପ୍ନ ଦେଖିଛନ୍ତି, ମାତ୍ର ପରେ ପରେ ଅନ୍ୟ ରଚନାରେ ମାଟିକୁ ଫେରିଆସିଛନ୍ତି । ତାଙ୍କର ମନ ସଦା ଆକାଶରେ, ପାଦ କିନ୍ତୁ ମାଟିରେ ।

ମାନିସିଂହଙ୍କ ଗାଁ ମାଲୁଦ ଅନ୍ତର୍ଗତ ନନ୍ଦଳା ଆଗରୁ ସରକାରୀ କାଗଜପତ୍ରରେ ପୁରୀ ଜିଲ୍ଲାରେ ଥିଲେ ବି ଯୋଗାଯୋଗ ଓ ସାଂସ୍କୃତିକ ସମ୍ପର୍କ ଥିଲା ଭଞ୍ଜଭୂମି ଗଞ୍ଜାମ ସହିତ । ମଧ୍ୟଯୁଗୀୟ ଓଡ଼ିଆ ସାହିତ୍ୟ ଓ ସଙ୍ଗୀତର ମୁଖ୍ୟ ଚାରଣଭୂମି ଥିଲା ବର୍ତ୍ତମାନର ଦକ୍ଷିଣ ଓଡ଼ିଶା ।  ମାନସିଂହ ଜେଜେବାପା ସତ୍ୟବାଦୀ ନାୟକ ଜଣେ କବି ଥିଲେ ଓ ମାନସିଂହଙ୍କର ଜଣେ ଦାଦା ପାଲାଗାୟକ ଥିଲେ । ମାନସିଂହଙ୍କ ମନ ଭିତରେ ମଧ୍ୟଯୁଗ ପ୍ରତି ଏକ ଆକର୍ଷଣ ଯେପରି ରହିଆସିଥିଲା । ଇଂରାଜୀ ସାହିତ୍ୟ ଓ ରବୀନ୍ଦ୍ରଙ୍କ ରଚନା ତାଙ୍କୁ ପ୍ରଭାବିତ କରିଥିଲେ ହେଁ ତାଙ୍କର ମଧ୍ୟଯୁଗୀୟ କାବ୍ୟପ୍ରୀତି ତାଙ୍କୁ ଏକ ସ୍ୱାତନ୍ତ୍ର୍ୟ ପ୍ରଦାନ କଲା । କାବ୍ୟକାର ମାନସିଂହ ବିବିଧ ପ୍ରଭାବ, ଆଦର୍ଶ ଓ ସାଂସ୍କୃତିକ ଅବଶେଷର ସଂଶ୍ଲେଷ । ମାନସିଂହଙ୍କ ଭିତରେ ଥିବା ଗୋଷ୍ଠୀଚେତନା ଓ ଜାତୀୟ ଚେତନାର ଅଭିବ୍ୟକ୍ତି ହିଁ ତାଙ୍କର କାବ୍ୟାବଳୀ । ଅନ୍ୟଭାଷାରେ କହିଲେ, ମାନସିଂହଙ୍କ କାବ୍ୟସମୂହ ପରମ୍ପରା ସହ ସମକାଳୀନତାର ଯେପରି ସମନ୍ୱୟ କ୍ଷେତ୍ର ।

ଖଣ୍ଡକାବ୍ୟ ଓ ମହାକାବ୍ୟ ମିଶି ମାନସିଂହଙ୍କର ସମୁଦାୟ ଛଅଟି ରଚନା ଉପଲବ୍‌ଧ । ଖ୍ରୀ. ୧୯୨୭ରୁ ୧୯୫୭ ମସିହା ମଧ୍ୟରେ ନାନା ଖଣ୍ଡନ-ମଣ୍ଡନ ମଧରେ ଏ କାବ୍ୟଗୁଡ଼ିକ ଲିଖିତ ଓ ପ୍ରକାଶିତ । କାବ୍ୟ ରଚନାର ପ୍ରାରମ୍ଭିକ ରୂପ ଅନୁକ୍ରମରେ ସଜାଇ ରଖିଲେ ଏହିପରି ହେବ - ନିକ୍ୱଣ (୧୯୨୭), ଉପେକ୍ଷିତା (୧୯୨୮), ସାଧବ ଝିଅ (୧୯୨୯), ଶୁଭଦୃଷ୍ଟି (୧୯୩୦), ଜେମା (୧୯୩୭), କମଳାୟନ (୧୯୪୭) । କାବ୍ୟଗୁଡ଼ିକ ମଧରୁ ଅନେକ ପ୍ରଥମେ କବିତା ଆକାରରେ ଆତ୍ମପ୍ରକାଶ କରି ପରେ ପୂର୍ଣ୍ଣାଙ୍ଗ ଅବସ୍ଥା ଲାଭ କରିଛନ୍ତି ।

ମାନସିଂହ କାବ୍ୟର ଶରୀର ଅପେକ୍ଷା ଆତ୍ମାରେ ଅଧିକ ଆସ୍ଥା ସ୍ଥାପନ କରୁଥିଲେ । କାବ୍ୟ ସମ୍ପର୍କୀୟ ଅନୁଚିନ୍ତା ଓ କାବ୍ୟ ରଚନା ସହ ସେଗୁଡ଼ିକର ସାମଞ୍ଜସ୍ୟ ଉଦ୍ଦେଶ୍ୟରେ ମାନସିଂହଙ୍କ ନିଜସ୍ୱ ବକ୍ତବ୍ୟକୁ ଉଦ୍ଧାର କରାଯାଉଛି । "ସାହିତ୍ୟରେ କଳ୍ପନା ଓ ସ୍ୱପ୍ନର ପ୍ରୟୋଜନ ଥିଲେ ହେଁ, ତାହା ଏକମାତ୍ର ବା ପ୍ରଧାନ ପ୍ରୟୋଜନ ନୁହେଁ । ମାନବ

ଜୀବନର ଅଗଣିତ ଦୁଃଖ ବେଦନା ହିଁ ସାହିତ୍ୟକୁ ପ୍ରକୃତରେ ମେରୁଦଣ୍ଡ ଦାନକରେ ଓ କଲ୍ୟାଣମୟ କରେ। ଆମ୍ଭମାନଙ୍କର ପ୍ରାଚୀନ କାବ୍ୟ-ସଂସାର କବି କଳ୍ପନାର ସ୍ଫଟିକ ପ୍ରାଚୀର ମଧ୍ୟରେ ବଢ଼ିଆସିଛି। ବାହାରେ ଦୃଶ୍ୟମାନ ଧୂଳିମୟ ସୃଷ୍ଟିର ସତ୍ୟ ସହିତ ତା'ର ବିଶେଷ ସମ୍ପର୍କ ନାହିଁ। କିନ୍ତୁ ଏହି ଧୂଳି ଆବର୍ଜନାର ସୃଷ୍ଟି ତ ସତ୍ୟ ସୃଷ୍ଟି।" (ପ୍ରାଚୀନ ଓଡ଼ିଆ କାବ୍ୟ)। ଏ ଦୃଷ୍ଟିରୁ ମାନସିଂହଙ୍କ କାବ୍ୟାବଳୀ ବିଚାର୍ଯ୍ୟ। କାବ୍ୟମାନଙ୍କର କଥାବସ୍ତୁ ଓ ଗଠନରୀତି ଅନୁସାରେ ସେ ସମ୍ପୂର୍ଣ୍ଣ ଭାବରେ ଏ ମାଟିକୁ ନିର୍ଭର କରିଛନ୍ତି।

ଓଡ଼ିଶାର ସମୃଦ୍ଧ ପ୍ରାଚୀନ ସାହିତ୍ୟ ବର୍ଣ୍ଣନା ପାଟବରେ ଗରୀୟାନ ଥିଲେ ହେଁ, ଭାବ ଉପସ୍ଥାପନ ଦୃଷ୍ଟିରୁ ଅତ୍ୟନ୍ତ ଦୁର୍ବଳ। ସାହିତ୍ୟରେ ନବଜାଗରଣ ଆସିଲା ପରେ ହିଁ ସାଧାରଣ ମଣିଷର କଥା ସାହିତ୍ୟରେ ସ୍ଥାନ ପାଇଲା। ଫକୀରମୋହନ ତାଙ୍କ କଥା-ସାହିତ୍ୟରେ ସାଧାରଣ ମଣିଷର କଥା ଯେପରି କହିଥିଲେ, ମାନସିଂହ ତାଙ୍କ କାବ୍ୟରେ ସେହି ପ୍ରକାର ସାଧାରଣ ଚରିତ୍ରକୁ ସ୍ଥାନ ଦେଲେ, ସେମାନଙ୍କର ଅନ୍ତରର ଭାବ ଓ ଭାଷାକୁ ପ୍ରକାଶକଲେ। ଆମର ନିତିଦେଖା ଘଟଣାକୁ ନୂଆ ରୂପରେ ସଜାଇ ଦେଖାଇଲେ। ପ୍ରାସାଦବାସିନୀ ରାଜବାଳାର ରୂପ ବର୍ଣ୍ଣନା ଅପେକ୍ଷା କୁଟୀରବାସିନୀ ପଲ୍ଲୀବାଳାର ହୃଦୟକଥା କହିଲେ। ନାଗରାଜ କନ୍ୟା ଉଲୁପୀର ମନର ଛବିକୁ ଗାଇବସିଲେ। ସେ ନିବିଡ଼ ଭାବରେ ଜେମାର ଅଭାବୀ ସଂସାର କଥା ବି ଅନୁଭବୀର ମନ ନେଇ ପ୍ରକାଶ କଲେ। ମାନବିକ ଅନୁଭୂତିର ପରିପ୍ରକାଶ ପାଇଁ ଯଥାସାଧ୍ୟ ଉଦ୍ୟମ ହିଁ କବି ମାନସିଂହଙ୍କର ଭାବାଦର୍ଶ।

**ଉପେକ୍ଷିତା-** ୧୯୨୮ ମସିହା ଅଗଷ୍ଟ, ସେପ୍ଟେମ୍ବର ଓ ଅକ୍ଟୋବର ମାସରେ 'ସହକାର' ତିନୋଟି ସଂଖ୍ୟାରେ ପ୍ରକାଶିତ। ସେତେବେଳକୁ ରବି-ରଶ୍ମିର ଆଲୋକ ସମଗ୍ର ତରୁଣ ଗୋଷ୍ଠୀକୁ ମୋହିତ କରିଥାଏ। ରବୀନ୍ଦ୍ରନାଥଙ୍କ ଛନ୍ଦ, ପ୍ରକାଶଭଙ୍ଗୀ ଓ ଭାବଧାରା ଓଡ଼ିଶାର ଯୁବ-ସାହିତ୍ୟିକମାନଙ୍କର କୋଠସମ୍ପତ୍ତି ହୋଇଥାଏ। ସମୟର ପ୍ରବାହରେ ଭାସିଯାଇଥିଲେ ମଧ୍ୟ ମାନସିଂହ ନିଜ ସୃଷ୍ଟିରେ ସ୍ୱାତନ୍ତ୍ର୍ୟ ରକ୍ଷା ପାଇଁ ପ୍ରୟାସ ଚଳାଇଥିଲେ। ସମସାମୟିକ ପତ୍ରପତ୍ରିକାରେ ଏ ସମୟରେ ନାନା ତର୍କ ବିତର୍କ ଆରମ୍ଭ ହୋଇଯାଇଥିଲା। ଅମଡ଼ାରେ ମାଡ଼ିଯାଇ ଅପଥରେ ପଥ ତିଆରି କରିବା ନେଇ ସେତେବେଳେ ମାନସିଂହ ନାନା ଆକ୍ଷେପ-ଆଲୋଚନା, ପ୍ରତ୍ୟାଲୋଚନାର ସମ୍ମୁଖୀନ ହୋଇଥିଲେ।

୧୯୨୭ ମସିହାରେ ରବୀନ୍ଦ୍ରନାଥଙ୍କ 'ପ୍ରାଚୀନ ସାହିତ୍ୟ' ନାମକ ଆଲୋଚନା ପୁସ୍ତକର ଦ୍ୱିତୀୟ ମୁଦ୍ରଣ ପ୍ରକାଶିତ ହୁଏ। ଏଇ ପୁସ୍ତକର ଷଷ୍ଠ ପ୍ରବନ୍ଧ ଥିଲା 'କାବ୍ୟେ

ଉପେକ୍ଷିତା'। ଲକ୍ଷ୍ମଣଙ୍କ ସ୍ତ୍ରୀ 'ଉର୍ମିଳା' ଶକୁନ୍ତଳାଙ୍କ ଦୁଇ ସଖୀ ଅନସୂୟା ଓ ପ୍ରିୟମ୍ବଦା, କାଦମ୍ବରୀର ପତ୍ରଲେଖା ଚରିତ୍ରକୁ ସେମାନଙ୍କ ତ୍ୟାଗ ଅନୁରୂପ ସ୍ଥାନ ଦେଇନାହାନ୍ତି ବୋଲି ରବୀନ୍ଦ୍ରନାଥ ଆଲୋଚନା କରିଛନ୍ତି। ରବୀନ୍ଦ୍ରନାଥଙ୍କ ଏ ଆଲୋଚନା ମାନସିଂହଙ୍କୁ ପ୍ରଲୁବ୍ଧ କରିଥାଇପାରେ - ଏଭଳି ଆଶଙ୍କା ଅମୂଳକ ନୁହେଁ। ମାନସିଂହ ରାମାୟଣର ଆଉ ଏକ ଚରିତ୍ର ସୂର୍ପଣଖାକୁ କାବ୍ୟନାୟିକା ଭାବରେ ଗ୍ରହଣ କରିଛନ୍ତି। ବିଶ୍ରବାନନ୍ଦିନୀ, ଦଶାନନଭଗିନୀ ସୂର୍ପଣଖା ବି ଜଣେ ନାରୀ। ସେ ସୁନ୍ଦରୀ ଯୁବତୀ। ତା' ମନରେ ବି ଭରିହିଥିଲା କାମନା ପ୍ରାପ୍ତିର ଲାଳସା। କିନ୍ତୁ ସେ ଜୀବନରେ ହୋଇଛି ଉପେକ୍ଷିତା। ଆଶ୍ରମରେ ପ୍ରବେଶ କରିଥିବା ଜଣେ ସମବୟସ୍କ ବାଳକ ସହିତ ତା'ର ସଖ୍ୟ ସ୍ଥାପିତ ହୋଇଛି। କ୍ରମଶଃ ବ୍ରହ୍ମଚାରୀଙ୍କ ପ୍ରତି ଅତିମାତ୍ରାରେ ଆସକ୍ତ ହୋଇ ଏକତରଫା ଭାବରେ ଭଲପାଇବସିଛି ସେ। ଯୌବନାଗମ କାଳରେ ବ୍ରହ୍ମଚାରୀଙ୍କୁ ବିଭିନ୍ନ ସ୍ଥାନରେ ଆବସ୍ଥାନ କରାଯାଇଛି। ଆଶ୍ରମ ତ୍ୟାଗର ପୂର୍ବ ରଜନୀରେ ସୂର୍ପଣଖା ସେ ଯୁବକଙ୍କୁ ଭେଟି ବିବାହ ନିମିତ୍ତ ଇଚ୍ଛା ପ୍ରକାଶ କରିଛି, ମାତ୍ର ବ୍ରହ୍ମଚାରୀ ଯୁବକ ନିଜର ଅସାମର୍ଥ୍ୟ ଜଣାଇଛି, କାରଣ ଯୁବକର ପିତା ବାଲ୍ୟକାଳରେ ଅନ୍ୟ ଏକ କନ୍ୟା ସହିତ ତା'ର ବିବାହ ସମ୍ପନ୍ନ କରାଇଛନ୍ତି, ଏଣୁ ସେ ନିରୁପାୟ। ସୂର୍ପଣଖାର ପୂର୍ବନାମ କ'ଣ ଥିଲା ସେ ସଂପର୍କରେ ସୂଚନା ପ୍ରଦାନ କରାଯାଇନାହିଁ। ଉପେକ୍ଷିତା ହେଲା ପରେ ଆଲୁଳାୟିତକେଶା, ଛିନ୍ନବସ୍ତ୍ର, ଜୀର୍ଣ୍ଣ ଶରୀରରେ ମାନସିକ ବିକାରଗ୍ରସ୍ତ ପରି ସେ ଭ୍ରମଣ କରିବାକୁ ଲାଗିଲା -

"ଅସଭ୍ୟ ବର୍ବରବତ୍ ବୁଲୁଥାଏ ସଦା / ସୂର୍ପ ପରି ଅଯତନେ
ବଢ଼ି ନଖପନ୍ତି / କଳା ମତେ ଭୟଙ୍କର,
ଡାକିଲେ କେତେକ ସୂର୍ପଣଖା ନାମ ଧରି ପାଗଳିନୀ ବୋଲି।"

ନବୀନ-ନୀରଦ-କାନ୍ତି ଧାରଣ କରିଥିବା ଅଭିରାମ ଶ୍ରୀରାମଙ୍କ ରୂପ ଦର୍ଶନ ସମୟରେ ସୂର୍ପଣଖା ସମ୍ମୁଖରେ ପୂର୍ବକଥିତ ଯୁବକର ଚିତ୍ର ଭାସିଉଠିଛି। ସେ ମାନସିକ ଭାରସାମ୍ୟ ହରାଇବସିଛି; ପାଲଟିଯାଇଛି ପାଗଳିନୀ। କବି ମାନସିଂହ ଅମିତ୍ରାକ୍ଷର ଛନ୍ଦରେ କାବ୍ୟନାୟିକାର ମନୋଭାବକୁ ଉପସ୍ଥାପନ କରିବାକୁ ଚେଷ୍ଟା କରିଛନ୍ତି। କାବ୍ୟର ପ୍ରତି ଛତ୍ରରେ ମାନସିଂହ ପ୍ରତିଭାର ନମୁନା ଉପସ୍ଥିତ। ରବୀନ୍ଦ୍ରନାଥ ତାଙ୍କ 'କାବ୍ୟ ଉପେକ୍ଷିତା' ପ୍ରବନ୍ଧରେ କବିମାନଙ୍କୁ ଦୋଷାରୋପ କରିଛନ୍ତି, ମାତ୍ର ଏଠରେ ଆଶ୍ରମବାସୀ ବ୍ରହ୍ମଚାରୀମାନଙ୍କ ଦ୍ୱାରା ଉପେକ୍ଷିତା ହୋଇଛି କାବ୍ୟନାୟିକା ସୂର୍ପଣଖା।

**ନିକ୍ୱଣ-** ନିକ୍ୱଣ ଖଣ୍ଡକାବ୍ୟରେ କବି ନିଜେ ହିଁ ନାୟକ। ଗୋଟିଏ ଅଜ୍ଞାତ ରାଜ୍ୟର ରାଜକନ୍ୟା କାବ୍ୟର ନାୟିକା। ଏ କାବ୍ୟର ଷୋହଳଟି ଅଂଶ- ପ୍ରତ୍ୟେକ

ଗୋଟିଏ ଗୋଟିଏ ସ୍ୱତନ୍ତ୍ର କବିତା। 'ନିକ୍ୱଣ' କାବ୍ୟରେ କବି ମାନସିଂହଙ୍କ କାବ୍ୟ-ଦୃଷ୍ଟି ତଥା ଜୀବନ ସମ୍ପର୍କୀୟ ଅଭିବ୍ୟକ୍ତିର ସୂଚନା ସ୍ପଷ୍ଟ। ଯେଉଁ କବି ଜୀବନଗୀତ ଗାଇପାରିବ ସେ ହିଁ ରାଜକବି ଭାବରେ ସମ୍ମାନ ପାଇବ, 'ତରୁଣ କବିର ବିରାଟ ଆଶା' ଏଥିରେ ରୂପାୟିତ ହୋଇଛି। ୧୯୨୭ ମସିହା ମାର୍ଚ୍ଚ ମାସ ୨୦ ତାରିଖରୁ ୩୦ ତାରିଖ ମଧ୍ୟରେ ବସନ୍ତ ଋତୁର କେଉଁ ସ୍ୱପ୍ନିଳ ମୁହୂର୍ତ୍ତରେ ଏ କାବ୍ୟର ରଚନା, କାବ୍ୟରେ କବି ଏକ ସ୍ୱପ୍ନର ସାମ୍ରାଜ୍ୟ ତିଆରି କରିଛନ୍ତି। 'ଧୂପ'ର ପ୍ରାକ୍ କାଳରେ ରଚିତ ଏଇ କାବ୍ୟରେ 'ଧୂପ'ର ମର୍ମବାଣୀ ପ୍ରତିଫଳିତ। 'ଧୂପ' ଓ 'ନିକ୍ୱଣ' ମଧ୍ୟରେ ଅନେକ ସ୍ଥାନରେ ସାମ୍ୟ ପରିଲକ୍ଷିତ ହେବାର କାରଣ, 'ଧୂପ' ପାଇଁ ମାନସିଂହଙ୍କ ମନରେ ଭାବନା ଦାନାବାନ୍ଧିବାର ସମକାଳରେ ହିଁ 'ନିକ୍ୱଣ' ରଚିତ।

**ଶୁଭଦୃଷ୍ଟି-** ଅମିତ୍ରାକ୍ଷର ଛନ୍ଦରେ ଲେଖାଯାଇଥିବା 'ଶୁଭଦୃଷ୍ଟି' ମାନସିଂହଙ୍କର ଏକ ଉନ୍ନତ ସୃଷ୍ଟି। ନାଗରାଜ କନ୍ୟା ଉଲୁପୀ ଏ କାବ୍ୟର ନାୟିକା ଓ ବୀର ଫାଲ୍‌ଗୁନୀ କାବ୍ୟର ନାୟକ। 'ଧୂପ' ପ୍ରକାଶନର ପ୍ରାକ୍ କାଳରେ ରଚିତ ଓ ପ୍ରକାଶିତ ଏଇ କାବ୍ୟର ବର୍ଣ୍ଣନା ତଥା ଉପସ୍ଥାପନା ଚମତ୍କାର। ପ୍ରେମର ଉଛୁଳା ତରଙ୍ଗକୁ କବି ସୁନ୍ଦର ଭାବରେ ପରିପ୍ରକାଶ କରିଛନ୍ତି। ମାନସିଂହଙ୍କ ବହୁ ପ୍ରଚାରିତ ଲୋକପ୍ରିୟ ପୁସ୍ତକ 'ଧୂପ' ପ୍ରକାଶ ପୂର୍ବରୁ ସେ ଯେପରି ଏଥିରେ ପରୀକ୍ଷା ନିରୀକ୍ଷା ଚଳାଇଥିଲେ।

ମାନସିଂହଙ୍କର ଭାବରାଜ୍ୟରେ ଓଡ଼ିଆ ପାଇକର ବୀରତ୍ୱ, ପାଇକ ବଧୂର ତ୍ୟାଗ, ରକ୍ତଚନ୍ଦନର ତିଳକ ଲଗାଇ ବୀର ପାଇକକୁ, ସମରଭୂମିକୁ ପ୍ରେରଣ କରିବାର ଚିନ୍ତନ ସର୍ବଦା ଖେଳିବୁଲୁଥିଲା। ଏଣୁ ସେ ଯେଉଁଠି ସୁଯୋଗ ପାଇଛନ୍ତି, କାବ୍ୟ, କବିତା, ପ୍ରବନ୍ଧ, ନାଟକ ଇତ୍ୟାଦିରେ ଏହି ଭାବଧାରାକୁ ପ୍ରକାଶ କରିଛନ୍ତି। ମାନସିଂହଙ୍କ ନାରୀ ଦୁର୍ବଳହୃଦୟା ନୁହେଁ, ଅସହାୟା ନୁହେଁ। ଜୀବନର ସର୍ବଶ୍ରେଷ୍ଠ ଧନକୁ ସେ ଦେଶ ମାତୃକା ପାଇଁ ଉତ୍ସର୍ଗ କରିଦିଏ। ଏ କାବ୍ୟରେ ପ୍ରେୟସୀ ଉଲୁପୀ ପ୍ରିୟବର ବୀର ଧନଞ୍ଜୟକୁ ବିଜୟ ଯାତ୍ରାରେ ଯିବାପାଇଁ ଗର୍ବର ସହିତ ବିଦାୟ ଦେଇଛି।

**ଜେମା-** 'ଜେମା' ମାନସିଂହଙ୍କ କାବ୍ୟ ଭିତରେ ଏକ ସ୍ୱତନ୍ତ୍ର ଆସନର ଅଧିକାରୀ। କଥାସମ୍ରାଟ୍ ଫକୀରମୋହନଙ୍କ ପରି ମାନସିଂହ ସାଧାରଣ ଧୂଳିମାଟିର ଚରିତ୍ରକୁ କାବ୍ୟ-ନାୟିକା କରି ଗଢ଼ିତୋଳିଛନ୍ତି। ସେ ନିଜ ଗାଁର ଗୋଟିଏ ଦୁଃଖିନୀ ଝିଅକୁ ସମ୍ପୂର୍ଣ୍ଣ ନୂତନ ରୀତିରେ କାବ୍ୟର ନାୟିକା କରି ଅମର କରିଦେଇଗଲେ। ନିପଟ ମଫସଲର ଓଡ଼ିଆଣୀ ଝିଅଟିକୁ ମାନସିଂହ ଓଢ଼ଣାଟଣା ଶାଢ଼ି ପୋଷାକ ମଧ୍ୟରେ ଠିଆକରାଇବାକୁ ଚାହିଁଛନ୍ତି। ଏଣୁ 'ଶୁଭଦୃଷ୍ଟି', 'ଉପେକ୍ଷିତା' ଆଦିରେ ପ୍ରୟୋଗ କରିଥିବା ଅମିତ୍ରାକ୍ଷର ଛନ୍ଦ ପରିବର୍ତ୍ତେ ସମ୍ପୂର୍ଣ୍ଣ ଓଡ଼ିଶୀ ଛନ୍ଦର ମାଣିଆବନ୍ଦୀ ଶାଢ଼ିଟିଏ

ପିନ୍ଧାଇ ପଦାକୁ ଛାଡ଼ିଛନ୍ତି । ମାତ୍ର ଆତ୍ମିକ ପ୍ରୟୋଗରେ ଏ କାବ୍ୟରେ ଆଧୁନିକତା ବିଦ୍ୟମାନ ।

'ଜେମା' କାବ୍ୟର ଚରିତ୍ର ସବୁ ସତ୍ୟ ଘଟଣା ଉପରେ ଆଧାରିତ । ସେମାନେ କବି ମାନସିଂହଙ୍କ ନିଜ ଗ୍ରାମର, ଏଇ ଧୂଳି ମାଟିର ମଣିଷ । 'ଜେମା' କାବ୍ୟର ପ୍ରାକୃତିକ ବର୍ଣ୍ଣନା ବି କଳ୍ପନାରୁ ନୁହେଁ - ମାନସିଂହଙ୍କ ନିଜ ଗ୍ରାମ ଓ ସମୁଦ୍ରତଟ ବାଲିବନ୍ତର ବର୍ଣ୍ଣନା । ଡକ୍ଟର ମାୟାଧର ମାନସିଂହଙ୍କ ସମ୍ପର୍କରେ କ୍ଷେତ୍ରାନୁସନ୍ଧାନ ସମୟରେ ମୁଁ ଏସବୁ ସ୍ଥାନ ଦେଖିଛି । ମାନସିଂହଙ୍କ ନନ୍ଦଳା ଗ୍ରାମରେ ଅବସ୍ଥାନ ସମୟରେ ମୁଁ ଜେମାର ଘର ଦେଖିଥିଲି ଓ ତାଙ୍କ ପୁତୁରାଙ୍କୁ ମଧ୍ୟ ସାକ୍ଷାତ୍ କରିଥିଲି । ଘଟଣା ସବୁ ସାଧାରଣ, ମାତ୍ର କବି ମାନସିଂହଙ୍କ କବି କଲମରେ ଏ ସାଧାରଣ ଘଟଣା ପାଲଟିଛି ଅସାଧାରଣ ।

କୌଣସି ଏକ ସମୟରେ ଜେମା ଓ ତାହାର ଜ୍ୟେଷ୍ଠା ଭଗ୍ନୀ ପଦ୍ମାଙ୍କୁ ଦେଖିବା ପରେ ଗଞ୍ଜାମ ଅଞ୍ଚଳର ଏକ ରସିକ ସୌଦାଗର ପ୍ରଲୁବ୍ଧ ହୋଇଛି । ଦାରିଦ୍ର୍ୟ ମଧ୍ୟରେ ଦିନ କାଟୁଥିବା ଜେମାର ପରିବାର କୌଣସି ଭରସା ଖୋଜୁଥିବା ବେଳେ ସୌଦାଗର ପଦ୍ମା ସହିତ ବିବାହ ନିମନ୍ତେ ପ୍ରସ୍ତାବ ପ୍ରେରଣ କରିଛି । ଗଞ୍ଜାମ ଅଧିବାସୀ ସୌଦାଗର ଦଳେଇଙ୍କର ସମାଜ ତଥା ଜାତିର । ପୁନଶ୍ଚ ସେ ଧନୀଘରର ବୋଲି କେବଳ ଅନୁମାନ କରି ପଦ୍ମାର ବିବାହ ସୌଦାଗର ସହିତ ହୋଇଯାଇଛି । ମାତ୍ର ବହୁ ନାରୀଙ୍କ ସହିତ ସମ୍ପର୍କ ରଖିଥିବା ସୌଦାଗରର ଅସଲ ସ୍ୱରୂପ ବିବାହ ପରେ ହିଁ ଜଣାପଡ଼ିଲା । ବିଳାସୀ ଲମ୍ପଟ ସୌଦାଗରର ଅବହେଳା, ଅତ୍ୟାଚାର ମଧ୍ୟରେ ଚାରିବର୍ଷର ଘର ସଂସାର କରି ପଦ୍ମାବତୀ ପରଲୋକ ଗମନ କଲା । ପଦ୍ମାବତୀ ପିତୃ-ପରିବାରର ଦାରିଦ୍ର୍ୟକୁ ଅନୁଭବ କରି, ପତି-ଗୃହର ସମସ୍ତ ବେଦନାକୁ ହୃଦୟରେ ଧରି, ଆଖିର ଲୁହକୁ ଓଠରେ ପିଇ ପିଇ ଦୁଇଟି ସନ୍ତାନଙ୍କୁ ଜନ୍ମ ଦେଇଥିଲେ ମଧ୍ୟ ନିଜର ନିର୍ଯାତନା ସମ୍ପର୍କରେ ପିତାମାତାଙ୍କୁ ଅନ୍ଧକାରରେ ରଖିଦେଇଗଲା ।

ତା'ପରେ ସୌଦାଗରର ଦୃଷ୍ଟି ପଡ଼ିଲା ପଦ୍ମାର ସାନଭଉଣୀ ସୁନ୍ଦରୀ ଜେମା ଉପରେ । ସରଳ ହୃଦୟ ଦଳେଇ ପରିବାର ଜ୍ୟେଷ୍ଠା କନ୍ୟାର ଦୁଇ ଶିଶୁପୁତ୍ରଙ୍କୁ ଦୃଷ୍ଟିରେ ରଖି ସୌଦାଗରର ବିବାହ ପ୍ରସ୍ତାବରେ ରାଜିହେଲେ । ବିବାହ ପରେ ପୁଆଣି ହେବା ପର୍ଯ୍ୟନ୍ତ ଜେମା ପିତୃଗୃହରେ କଲା ଅବସ୍ଥାନ । ପତି ଗୃହ ସମ୍ପର୍କରେ ମନରେ ଭାସିଉଠିଲା ତା'ର ଅନେକ ସ୍ୱପ୍ନ । ଗ୍ରାମ୍ୟ ରମଣୀଙ୍କର ଥଟ୍ଟା ପହଲୀ ମଧ୍ୟରେ ଜେମା ମନରେ ଗଢ଼ି ଉଠେ କେତେ କଳ୍ପନାର ସୌଧ । ମାତ୍ର ବାସ୍ତବ ଜୀବନରେ ପତି-ଗୃହ ଗମନ ନିମନ୍ତେ ପ୍ରତୀକ୍ଷା କରି କରି ଜେମା ହୁଏ ନିରାଶ । ହଠାତ୍ ଦିନେ ଖବର ଆସେ ଯେ ଜେମାର

ଋଣଗ୍ରସ୍ତ ସ୍ୱାମୀ ନିରୁଦ୍ଦିଷ୍ଟ। ଋଣଦାତାମାନେ ସ୍ୱାମୀଙ୍କର ସ୍ଥାବର ଅସ୍ଥାବର ସମ୍ପତ୍ତି ଦଖଲ କରିନେଇଛନ୍ତି। ପରଦ୍ୱାରରେ ମୁଣ୍ଡ ଗୁଞ୍ଜିଥିବା ଜେମାର ଶାଶୂ ଓ ଦୁଇ ଭଗ୍ନୀପୁତ୍ରଙ୍କୁ ଜେମାର ପିତା ଦଳେଇ ନେଇଆସିନ୍ତି ନିଜ ଗ୍ରାମକୁ। ଏଭଳି ଅଘଟଣରେ ଜେମାର ମୁହଁରୁ ଲିଭିଗଲା ହସ। ପିତୃଗୃହରେ ଅବସ୍ଥାନ କାଳରେ ଜେମାର ଜୀବନରେ ଦେଖାଦେଇଛି ଆଉ ଏକ ଘଟଣା।

ଜେମାର କୁଆଁରୀ ମନ କୌଣସି ଆଶ୍ରା ଲୋଡୁଥିଲା ବେଳେ ପରିଚୟ ହୁଏ ଜ୍ୟେଷ୍ଠଭ୍ରାତାଙ୍କ ଶାଳକ ଯୁବକ-ବନ୍ଧୁଙ୍କ ସହିତ। ସପରିବାର ଅଳେଶ୍ୱର ମହାଦେବଙ୍କ ଦର୍ଶନ ଉଦ୍ଦେଶ୍ୟରେ ଦୀର୍ଘପଥ ପଦଯାତ୍ରା ସମୟରେ ପୂର୍ବର ସଖ୍ୟ ଆହୁରି ନିବିଡ଼ତର ହୁଏ। ମାତ୍ର ଏକ ସ୍ଥାନରେ ଗ୍ରାମର ଅନ୍ୟ ଏକ ଯୁବତୀ ସହିତ କୌଣସି ଦୃଷ୍ଟି-କଟୁ ଅବସ୍ଥା ଦେଖି ସେ ବିମର୍ଷ ହୋଇଯାଇଛି। ଗ୍ରାମର ଅନ୍ୟ ନାରୀମାନେ ସେ ଘଟଣାକୁ ନେଇ ଯୁବତୀ ସହିତ ବିବାହ ସମ୍ପର୍କରେ ଚର୍ଚ୍ଚା କରାଯିବାରୁ ଜେମାର ସ୍ୱପ୍ନ ଭାଙ୍ଗିଯାଇଛି। ଦୀର୍ଘଦିନ ଧରି ବନ୍ଧୂ-ଭ୍ରାତା ତା' ମନରେ ଯେଉଁ ସପନର ଜାଲ ବିଛାଇ ଆସିଥିଲା, ଜେମା ତାକୁ ପ୍ରତାରଣ ବୋଲି ଜାଣିନେଇଛି।

ପ୍ରଥମ ପ୍ରଣୟ ବିଷମୟ ହେବାରୁ ଜେମାର ମନରେ ଦେଖାଦେଇଛି ଝଡ଼। ଏହି ସମୟରେ ଭାଉଜଙ୍କ ପ୍ରସ୍ତାବ କ୍ରମେ ଭାଇ ଜେମାର ବିବାହ ପ୍ରସ୍ତାବ ନିମନ୍ତେ କରିଛନ୍ତି ଆୟୋଜନ। ଜେମାର ଶାଶୂ ଏଥିରେ କରିଛନ୍ତି ସମ୍ମତି ପ୍ରଦାନ। ଅନ୍ୟାନ୍ୟ ପ୍ରସ୍ତାବ ସହିତ ଭ୍ରାତୃ-ଶାଳକ ପୂର୍ବ ଯୁବକଙ୍କ ବିଷୟରେ ଆସିଛି ପ୍ରସ୍ତାବ, ମାତ୍ର ଜେମା ସେ ପ୍ରସ୍ତାବକୁ କରିଛି ପ୍ରତ୍ୟାଖ୍ୟାନ। ବୁକୁର ବେଦନାକୁ ମନରେ ମାରି ସେ କହିଛି - ସେ ତ ଜଣକର ହାତ ଧରିଥିଲା, ସେ ବିବାହ ଯଦି ବିଫଳ ହେଲା ତେବେ ସେ ଆଉ ବିବାହ କରିବନାହିଁ। ତା'ପରେ ଭଉଣୀର ଦୁଇପୁଅ ଓ ଶାଶୂଙ୍କ ସହିତ ଫେରିଯାଇଛି ଗଞ୍ଜାମରେ ଅବସ୍ଥିତ ଶାଶୂଘରକୁ।

କରୁଣ ପରିବେଶ ମଧ୍ୟରେ ହୋଇଛି ଜେମା କାବ୍ୟର ପରିସମାପ୍ତି। ସତ୍ୟ-ଘଟଣା ଉପରେ ଆଧାରିତ କଥାବସ୍ତୁକୁ ନେଇ ମାନସିଂହ ସୃଷ୍ଟି କରିଛନ୍ତି ଏକ ଚମତ୍କାର କାବ୍ୟ। ଭାଷା, ଭାବ ଉପସ୍ଥାପନା ଦୃଷ୍ଟିରୁ ମାନସିଂହଙ୍କର ଏହା ଏକ ଅନନ୍ୟସାଧାରଣ ସୃଷ୍ଟି।

**କମଳାୟନ-** ଯେଉଁ ସମୟରେ ମହାକାବ୍ୟର ସ୍ଥାନ ଉପନ୍ୟାସ ଗ୍ରହଣ କରି ନେଇଥିଲା, ସେହି ସମୟରେ ମାନସିଂହଙ୍କ କମଳାୟନ ମହାକାବ୍ୟର ସୃଷ୍ଟି। ଡକ୍ଟର ମାୟାଧର ମାନସିଂହ ଗୋଟାପଣେ କବି। ସେ ସାହିତ୍ୟର ବିବିଧ ଧାରାରେ କଲମ ଚଳାଇଥିଲେ ବି ସର୍ବତ୍ର ତାଙ୍କର କବିସତ୍ତାହିଁ ବିଦ୍ୟମାନ। ତାଙ୍କ ମନରେ ଉଙ୍କିମାରୁଥିବା

ଏକ ବୃହତ୍ତର ଭାବନାକୁ ପରିବେଷଣ ପାଇଁ ସେ ବାଛିନେଲେ ମହାକାବ୍ୟ ରଚନାର ମାଧ୍ୟମ। କମଳାୟନ ତାଙ୍କର ପରିଣତ ବୟସର ରଚନା। ଏହି କାବ୍ୟକୁ କବି ଦୁଇଟି ପର୍ଯ୍ୟାୟରେ ରଚନା କରିଛନ୍ତି। କାବ୍ୟର ଉତ୍ତରାର୍ଦ୍ଧ ରଚନା ହୋଇଛି ପ୍ରଥମାର୍ଦ୍ଧର ଦୁଇଟି ସଂସ୍କରଣ ପ୍ରକାଶନ ପରେ। ଏହି କାବ୍ୟରେ ତାଙ୍କର ଜୀବନାନୁଭୂତିର ନିର୍ଯାସ ବର୍ଣ୍ଣିତ। ଅନ୍ୟଭାଷାରେ କହିଲେ ସନାତନୀ ମାନସିଂହ, ବୌଦ୍ଧ ମାନସିଂହଙ୍କ ଆତ୍ମାନୁଚିନ୍ତନହିଁ କମଳାୟନ କାବ୍ୟ। ଏହି କାବ୍ୟର କଥାବସ୍ତୁର ସମୟସୀମା ୧୯୧୯ ମସିହାରୁ ୧୯୫୬ ମସିହା ପର୍ଯ୍ୟନ୍ତ। କାବ୍ୟର ଆରମ୍ଭ ପୁରୀ ଜିଲ୍ଲାର ଡଭାର ଦୁର୍ଭିକ୍ଷ ସାହାଯ୍ୟ ବଣ୍ଟନ କେନ୍ଦ୍ରରୁ। ସେବାର ଅବତାର ଗୋପବନ୍ଧୁଙ୍କ ନେତୃତ୍ୱରେ ଆରମ୍ଭ ହୋଇଥାଏ ସାହାଯ୍ୟ ବଣ୍ଟନ ଓ ଜନସେବା କାର୍ଯ୍ୟକ୍ରମ। କାବ୍ୟର ପରିସମାପ୍ତି ଘଟିଛି ହଂଗେରୀ ବିପ୍ଳବ ସମୟରେ। ଏହି କାବ୍ୟର ଗଠନଶୈଳୀ, ଉପସ୍ଥାପନା ଓ ପରିକଳ୍ପନା ମାନସିଂହଙ୍କ ଅନ୍ୟାନ୍ୟ କାବ୍ୟଠାରୁ ଭିନ୍ନ। ଓଡ଼ିଶାର ପଲ୍ଲୀରୁ ଆରମ୍ଭ ହୋଇ କାବ୍ୟରେ ବିଶ୍ୱ ପରିକ୍ରମା କରାଯାଇଛି।

କମଳଲୋଚନ ମହାପାତ୍ର କାବ୍ୟର ନାୟକ। କମଳଲୋଚନର ଜୀବନାୟନହିଁ କମଳାୟନ କାବ୍ୟ। ଦୀନଦରିଦ୍ରର ବନ୍ଧୁ ଗୋପବନ୍ଧୁ ଥିଲେ ମାନସିଂହଙ୍କର ଅନ୍ୟତମ ଆଦର୍ଶ ପୁରୁଷ। କବି ମାନସିଂହ ସତ୍ୟବାଦୀ ବନବିଦ୍ୟାଳୟରେ ପାଠ ପଢ଼ିବାର ସୁଯୋଗ ପାଇପାରିନାହାନ୍ତି, ମାତ୍ର ସତ୍ୟବାଦୀର ଆଦର୍ଶ, ବିଶେଷତଃ ଗୋପବନ୍ଧୁଙ୍କ ଭାବଧାରାହିଁ ମାନସିଂହଙ୍କୁ ବହୁ ଭାବରେ ଅନୁପ୍ରାଣିତ କରିଛି। ଗୋପବନ୍ଧୁଙ୍କ ଜୀବନଧାରା ମାନସିଂହଙ୍କୁ ଏତେ ମାତ୍ରାରେ ଆକୃଷ୍ଟ କରିଥିଲା ଯେ, ଜୀବନର ପରିଣତ ବୟସରେ ମାନସିଂହ ବି ଗୋପବନ୍ଧୁଙ୍କୁ ପ୍ରମୁଖ ଭୂମିକା ପ୍ରଦାନ କରିଛନ୍ତି। କମଳାୟନ କାବ୍ୟକୁ ସୂକ୍ଷ୍ମଭାବରେ ଅନୁଧ୍ୟାନ କଲେ ଜଣାଯାଏ - କମଳ ଚରିତ୍ରହିଁ ସ୍ୱୟଂ ଲେଖକ ଓ ଏ କାବ୍ୟ ତାଙ୍କର ଆତ୍ମଲିପି। ମାନସିଂହ ଯାହା ହେବାପାଇଁ ଚାହିଁଥିଲେ ଓ କେତେକ କାରଣରୁ ହୋଇପାରି ନ ଥିଲେ, ତାକୁ ସେ କମଳାୟନ କାବ୍ୟରେ ରୂପାୟିତ କରିଯାଇଛନ୍ତି। ଉତ୍କଳର ଅତୀତ ଗରିମା, ଜାତିର ପତନ, ଦୁର୍ଦ୍ଦଶା ସହିତ ନାନା ସ୍ଥାନରେ ଜାତି ଉଠିବାର ବାଟ ବି ବତାଇ ଚାଲିଛନ୍ତି। ସାରା ବିଶ୍ୱକୁ ଗୋଟିଏ ପରିବାର ଓ ସବୁ ମଣିଷ ଗୋଟିଏ ଜାତି ଭାବରେ ଦେଖିବାକୁ ସେ ଚାହିଁଛନ୍ତି।

ଜାତୀୟତା ମନ୍ତ୍ରରେ ଦୀକ୍ଷିତ ହୋଇଥିଲେ ମଧ୍ୟ ମାନସିଂହଙ୍କ ଲେଖନୀ ଅନ୍ଧ ସ୍ତାବକତା ଦୋଷରେ ଦୋଷଦୁଷ୍ଟ ନୁହେଁ। ସେ ଦେଶ ମଧ୍ୟରେ ଥିବା କୁସଂସ୍କାର, ପୁରୋହିତତନ୍ତ୍ର, ଧର୍ମୀୟ ବିଭେଦ, ଜାତିପ୍ରଥା ସମେତ ନାନା କୁସଂସ୍କାର ବିରୋଧରେ କମଳାୟନ କାବ୍ୟରେ ସ୍ୱର ଉଠାଇଛନ୍ତି। ନିଜ ସଂସ୍କୃତି ପ୍ରତି ଉଦାସୀନ ପଥଭୁଲା ଭାରତୀୟ ଯୁବ-ସମାଜକୁ

ନାନା ସ୍ଥାନରେ ବାଟ ଦେଖାଇବାର ପ୍ରୟାସ କରିଛନ୍ତି। ଚିଲିକାର କୋଳରେ ବଢ଼ିଥିବା କବି ମାନସିଂହ ଉତ୍କଳୀୟ ପ୍ରକୃତିକୁ ପ୍ରାଣଭରି ଭଲ ପାଇଛନ୍ତି। ରାଧାନାଥଙ୍କ ପରେ ଚିଲିକାକୁ ପ୍ରାଣଭରି ଭଲପାଇଥିବା କବି ହେଉଛନ୍ତି ମାନସିଂହ। କମଳାୟନ କାବ୍ୟ ସମସାମୟିକ ଘଟଣା ଉପରେ ଆଧାରିତ। କାବ୍ୟ ସମ୍ପର୍କୀୟ କେତେକ ତ୍ରୁଟିକୁ ଛାଡ଼ିଦେଲେ କମଳାୟନ ସମସାମୟିକ ଓଡ଼ିଶାର ଏକ ଉଲ୍ଲେଖଯୋଗ୍ୟ ସୃଷ୍ଟି।

ମାନସିଂହଙ୍କ କାବ୍ୟମାନଙ୍କରେ ପ୍ରାଚୀନ ଓ ଆଧୁନିକ ଓଡ଼ିଆ ଛନ୍ଦର ପ୍ରୟୋଗ କରାଯାଇଅଛି। କେତେକ ସ୍ଥାନରେ ପାରମ୍ପରିକ ରାଗରେ ରଚନା କରାଯାଇ ତାହାର ନାମୋଲ୍ଲେଖ କରାଯାଇଛି। ଆଉ କେତେକ ସ୍ଥାନରେ ପ୍ରାଚୀନ ଭାଗକୁ ଅନୁକରଣ କରିଥିଲେ ମଧ୍ୟ ରାଗର ନାମ ପ୍ରଦାନ କରାଯାଇନାହିଁ। ମାନସିଂହଙ୍କ କାବ୍ୟାବଳୀରେ ସ୍ପଷ୍ଟ ଭାବରେ ରାଗ-ନାମ ନିର୍ଦ୍ଦେଶ କରା ନ ଯାଇଥିଲେ ମଧ୍ୟ ନିକ୍ୱଣ କାବ୍ୟର ଚତୁର୍ଥ, ପଞ୍ଚମ, ଷଷ୍ଠ ଭାଗ ରାଗ ରାମକେରୀରେ ଓ ଜେମା କାବ୍ୟର ପ୍ରଥମ ପର୍ବର ପୂର୍ବ ଭାଗ ତଥା ଉତ୍ତର ଭାଗ ମୋଟ ୧୨୩ ପଦ ଓଡ଼ିଶାର ବହୁ ପ୍ରଚଳିତ ରାଗ 'ଚୋଖୀ'ରେ ଲିଖିତ। ଜେମା କାବ୍ୟର ମଧ୍ୟ ପୂର୍ବର ପୂର୍ବଭାଗ ଓ ଉତ୍ତର ଭାଗର ମୋଟ ୧୩୪ ପଦ ରାଗ ଶଙ୍କରାଭରଣରେ ଲିଖିତ। ଶେଷ ପଦର ୪୪ଟି ପଦ ଉପେନ୍ଦ୍ର ଭଞ୍ଜଙ୍କ ଲାବଣ୍ୟବତୀ କାବ୍ୟର 'ଚେତି ଚୁତରୀ ଚାହିଁଲା ନିଶି ନାଶେ ପାଖେ ନାହିଁ ଦିବ୍ୟ ତରୁଣ' ବାଣୀରେ ଲେଖିବାକୁ ପ୍ରୟାସ କରିଛନ୍ତି, ମାତ୍ର ଶେଷ ପଦକୁ ଉପେକ୍ଷା କରିଛନ୍ତି। ଆବୃତ୍ତି ପାଇଁ ଏହା ସହଜ ହୋଇଥିବାରୁ ଏପରି କରାଯାଇଥାଇପାରେ। ସାଧବଝିଅ କାବ୍ୟର ତୃତୀୟ ଭାଗ ରାଗ ବଙ୍ଗଳାଶ୍ରୀ, ପଞ୍ଚମଭାଗ ରାମକେରୀରେ ଲିଖିତ ହୋଇଥିଲେ ମଧ୍ୟ ରାଗର ନାମ ଉଲ୍ଲେଖ କରାଯାଇନାହିଁ। କେବଳ ଅଷ୍ଟମ ଭାଗକୁ ରାଗ-କାଳୀ ବୋଲି ମାନସିଂହ ଉଲ୍ଲେଖ କରିଛନ୍ତି। ତ୍ରୟୋଦଶ ଭାଗ ମଧ୍ୟ ଚଉଦଅକ୍ଷରୀ ଛନ୍ଦରେ ଲେଖାଯାଇଛି। ମାନସିଂହ କାବ୍ୟକୁ ଆବୃତ୍ତିଧର୍ମୀ କରିବାପାଇଁ କେତେକ ବଛା ବଛା ଛନ୍ଦକୁ ପ୍ରୟୋଗ କରିଛନ୍ତି।

**ସାଧବଝିଅ କାବ୍ୟର ପୃଷ୍ଠଭୂମି-** ସାଧବ ଝିଅ କାବ୍ୟ କବି ମାନସିଂହଙ୍କର ଏକ ଲୋକପ୍ରିୟ ରଚନା। କାବ୍ୟର ପ୍ରାରମ୍ଭ ଓ ପରିସମାପ୍ତି ମଧ୍ୟରେ ଷୋହଳବର୍ଷ ବିତିଯାଇଛି। ଉତ୍କଳ ସାହିତ୍ୟ ୩୨ ବର୍ଷ ଦ୍ୱିତୀୟ ସଂଖ୍ୟା ମଇ ୧୯୨୯ରେ ପ୍ରଥମ 'ସାଧବ ଝିଅ' କବିତା ଆକାରରେ ପ୍ରକାଶ ପାଇଥିଲା। ୧୯୩୧ ଅକ୍ଟୋବର ସହକାର ଦ୍ୱାଦଶ ବର୍ଷ ସପ୍ତମ ସଂଖ୍ୟାରେ ମାଲୁଣୀ, ୧୯୩୧ ନଭେମ୍ବର ସହକାର ଦ୍ୱାଦଶ ବର୍ଷ ଅଷ୍ଟମ ସଂଖ୍ୟାରେ ସାଧବପୁଅ କବିତା ଆକାରରେ ପ୍ରକାଶ ପାଇଥିଲା। ଏହି ସମୟକାଳ ମଧ୍ୟରେ ମାନସିଂହ ସାଧବଝିଅ ତଅପୋଇକୁ ଭୁଲିପାରିନାହାନ୍ତି।

ମାନସିଂହଙ୍କ ଭାବରାଜ୍ୟରେ ସାଧବଝିଅ ତଅପୋଇ ବାରମ୍ବାର ଉଙ୍କିମାରିଛି। ଓଡ଼ିଶାର ଭାଗ୍ୟ ବିପର୍ଯ୍ୟୟ ପାଇଁ ବିଳାସୀ ସାଧବଝିଅ ତଅପୋଇମାନେ ହିଁ ଦାୟୀ ଏ ଭାବ ତାଙ୍କ ମନରେ ବାରମ୍ବାର ଆନ୍ଦୋଳିତ ହୋଇଛି।

ଭାଦ୍ରବ ମାସ ପ୍ରତି ରବିବାର ସଂଧ୍ୟାରେ ଓଡ଼ିଆ ଝିଅମାନେ ପାଳନ କରନ୍ତି ଖୁଦୁରୁକୁଣୀ ଓଷା। ଗ୍ରାମ୍ୟ ଉପଚାର ଓ ସାଧାରଣ ଭୋଗ ଅର୍ପଣ କରି ପୂଜା କରନ୍ତି ମା ମଙ୍ଗଳାଙ୍କୁ। ଲୋକ ଦେବୀ ମା' ମଙ୍ଗଳା। ସେ ସଙ୍କଟରୁ ତାରଣ କରନ୍ତି, ବୁଡ଼ିବାର ଭେଳାକୁ ଉଦ୍ଧାର କରନ୍ତି। ତା' ସହିତ ବୋଲାଯାଏ କବି ଗୋପୀନାଥ ଦାସଙ୍କ ବହିରେ ସାଧବ ଝିଅ ତଅପୋଇର କରୁଣା ଗାଥା। ହଜିଲା ଅତୀତର କରୁଣ ଗାଥା ଏ ତଅପୋଇ କାହାଣୀ। ଏ କାହାଣୀ ସମୟକୁ ଉତ୍କଳୀୟ ନୌବାଣିଜ୍ୟର ବୁଡ଼ିଯିବାର ବେଳା। ମାନସିଂହ ବି 'ମାଟିବାଣୀ'ର ତଅପୋଇ ବିଳାପ ଓ ବୋଇତ ବନ୍ଦାଣ ଭଳି ଦୁଇଟି କବିତାରେ ଏ ପ୍ରସଙ୍ଗ ରୂପଦାନ କରିଛନ୍ତି। କିନ୍ତୁ ଏ କଥାକୁ ଭିନ୍ନ ରୂପରେ ତଅପୋଇର ସୁନାକୁଲେଇ ପାଇଁ ଅଳିକରିବାକୁ ମାନସିଂହ ପସନ୍ଦ କରିନାହାନ୍ତି। ମାନସିଂହଙ୍କ ତଅପୋଇର ସାତ ଭାଇ ନାହାନ୍ତି, ଅଛନ୍ତି ତିନି ଭାଇ। ମାନସିଂହଙ୍କ ତଅପୋଇ ବିଳାପ ଯେପରି ସ୍ୱୟଂ ମାନସିଂହଙ୍କର ଅନ୍ତରର ସ୍ୱର। ଏଠାରେ ତପପୋଇ କହିଛି –

"ଚଣ୍ଡାଳୁଣୀ କିପାଁ କଟାଳ କରିଲି ବାପାଙ୍କୁ ଧରି
ସୁନାର କୁଲେଇ ରୁପା ଚାନ୍ଦ ମତେ ଦିଅ ହେ କରି।
ଜାଣି କି ଥିଲି ମୁଁ ଫଳ ତା'ର ଏତେ ସରିକି ଯିବ
ସାତ ବରଷର ବାଳିକା ସେ କଥା କାହୁଁ ଜାଣିବ ?
ବ୍ରାହ୍ମଣୀ କି ପାଥେଁ କେଉଁ ଅଭିଶାପେ ଦେଲା ମତାଇ
ସୁନାର କୁଲେଇ ପାଇଁକି ବାପାଙ୍କୁ ଧରିଲି ଯାଇ।"

ଏହାର ପରପଦ ହିଁ ମାନସିଂହଙ୍କର ନିଜସ୍ୱ ବାଣୀ –

"ଚମକିଲେ ବାପା ଅଲକ୍ଷଣୀ ମତେ କହୁ କି କଥା
ସୁନାରେ କେଉଁଠି କୁଲେଇ ହୁଏ ଲୋ କରୁଛୁ ହଟା ?
ଲକ୍ଷ୍ମୀ ସାଆନ୍ତାଣୀ ବିଜେ କରିଥାନ୍ତି ସୁନାରେ ପରା
ତାକୁ ତେଣୁ ପୂଜା, ଦେଖିଛୁ କି ଘରେ ସୁନାର ବଳା ?
ଦେହଯାକ ପଛେ ମଣ୍ଡିହେବେ ନାରୀ ସୁନା ଭୂଷଣେ
ଲକ୍ଷ୍ମୀ ରାଗ ହେବେ ବୋଲି ନ ନାଆନ୍ତି କେବେ ଚରଣେ।
ସେ ସୁନାରେ ପୁଣି କୁଲେଇ କରି ତୁ ଖେଳିବୁ ଧୂଳି
ଲକ୍ଷ୍ମୀ ରୋଷ ହେବେ ମାୟାରେ ଯିବ ଏ ସମ୍ପଦ ଉଡ଼ି।"

ଲକ୍ଷ୍ମୀ ଚଞ୍ଚଳା। ତାଙ୍କୁ ପିଲାଙ୍କ ଖେଳରେ ବାନ୍ଧିଦେଲେ ସର୍ବନାଶ ହେବାହିଁ ସାର, ଯେପରି ଓଡ଼ିଆ ପୁଅ ବ୍ୟବସାୟ କଲେ ପ୍ରଥମେ ନିଜର ବିଳାସ କଥା ଚିନ୍ତାକରେ ଓ ମୂଳ ବୁଡ଼ାଇ ବ୍ୟବସାୟରେ ବିଫଳ ହୁଏ। ମାନସିଂହଙ୍କ ତଅପୋଇ ବିଳାପରେ କହନ୍ତି –

"ସୁନା କୁଳେଇର        ପଛେ ପଛେ ଘରେ        ଆସିଲା ଯମ
ବାପା ମଲେ, ମଲା        ବୋଉ, ସେ ମରଣ        କି ନିରିମମ।
ଭାଇମାନେ ଗଲେ        ବିଦେଶ, ଫେରିଲେ        ନାହିଁ ତ ଆଉ
ସେଦିନୁ ତ ମୋର        ଉପରେ ପଡ଼ିଛି        ବିଧାତା ଦାଉ।
ଭାଇମାନେ କଲେ        ପ୍ରବାସ, ଭାଉଜେ        ହେଲେ ଦୋଚାରୀ।
କଣ୍ଟା ହେଲି ବୋଲି        ଭାଉଜଙ୍କୁ ମୁହିଁ        ହେଲି ଭଗାରି।"

'ବୋଇତ ବନ୍ଦାଣ' କବିତାରେ ବି ମାନସିଂହ ତାଙ୍କର ନିଜସ୍ୱ ଚିନ୍ତା ଉପସ୍ଥାପନ କରିଛନ୍ତି। ବୋଇତ ଫେରିଆସିଛି। ବୋଇତ ବନ୍ଦାଣ ପାଇଁ ସାଧବାଣୀମାନେ ଆସି ବନ୍ଦାଣ କରିଛନ୍ତି। ସେତେବେଳେ ସେମାନେ ଧନ ସମ୍ପଦ କିଛି ମାଗିନାହାନ୍ତି, କେବଳ ବୋଇତ ଲକ୍ଷ୍ମୀଙ୍କୁ ବନ୍ଦନା କରି କହିଛନ୍ତି –

"ସୁଖରେ ଫେରାଇଥିବୁ ପ୍ରିୟଙ୍କୁ ଆମ୍ଭର
କୁକର୍ମେ ଗୋ ହେବୁ ଦେବୀ ବାରଣ ତାଙ୍କର,
ଦୂର ଦେଶେ ପରବାସେ
ଚିତ୍ତ ତାଙ୍କ ଯେପରି ନ ଯାଏ ଆନ ଆଶେ।"

ଏ ଦୀର୍ଘ କବିତା ଦୁଇଟି ମାନସିଂହଙ୍କର ସାମୟିକ ରଚନା। 'ସାଧବ ଝିଅ' କାବ୍ୟ ମାନସିଂହଙ୍କର ଦୀର୍ଘଦିନର ପରିକଳ୍ପନା। ଏ କାବ୍ୟର ଆରମ୍ଭରୁ ପରିସମାପ୍ତି ମଧ୍ୟରେ ପ୍ରାୟ ଷୋହଳବର୍ଷରୁ ଅଧିକ ସମୟ ବିତିଯାଇଛି। ଛାତ୍ର ଜୀବନରୁ ଗଡ଼ଜାତରେ ଚାକିରି ଜୀବନ ମଧ୍ୟରେ ଅନେକ ଘଟଣା ଘଟିଯାଇଛି। ମାତ୍ର କବି ମାନସିଂହଙ୍କ ମାନସପଟରୁ ସାଧବଝିଅର କଥାବସ୍ତୁ ଲିଭିପାରିନି। ପୂର୍ବର ଦୁଇଟି କବିତାର ଉଦାହରଣ ଦେବାର ଉଦ୍ଦେଶ୍ୟ ମାନସିଂହ ସର୍ବତ୍ର କିଛି ନୂଆ ଦେଖିଛନ୍ତି। ନୂଆ କଥା ଚିନ୍ତା କରିଛନ୍ତି, କାହାଣୀକୁ ନୂଆ ମୋଡ଼ ଦେଇଛନ୍ତି। ସାଧବ ଝିଅର ପରିସମାପ୍ତି ମଝିରେ ୧୯୪୦ ମସିହା ବେଳକୁ ତଅପୋଇ ଉପରେ ଗୋଟିଏ ଗୀତିନାଟ୍ୟ ଲେଖିବାକୁ ମନସ୍ଥ କରି ଉପରୋକ୍ତ ଦୁଇଟି କବିତା ଲେଖିଛନ୍ତି ଓ କୌଣସି କାରଣରୁ ତାହା ପୂର୍ଣ୍ଣାଙ୍ଗ ହୋଇ ନ ପାରିବାରୁ 'ମାଟିବାଣୀ'ରେ ସଙ୍କଳିତ କରି ପ୍ରକାଶ କରିଛନ୍ତି।

ସାଧବଝିଅ କାବ୍ୟର ଝିଅଟି ତଅପୋଇଠାରୁ ସମ୍ପୂର୍ଣ୍ଣ ଅଲଗା। ତଅପୋଇ ସାତବର୍ଷର ବାଳିକା। ସେ ଧୂଳିଘର କରି ଖେଳୁଥିଲା। ଏ ସାଧବଝିଅ କିନ୍ତୁ ଯୁବତୀ। ସେ ଭଲପାଇବାର ମହତ୍ତ୍ୱ ଜାଣିଛି। ମଧ୍ୟଯୁଗୀୟ ଉତ୍କଳୀୟ ନାରୀର ମନର କଥା ନିଜସ୍ୱ ଶୈଳୀରେ ପ୍ରକାଶ କରିଛନ୍ତି ମାନସିଂହ। ସାଧବପୁଅ ଓ ସାଧବଝିଅର ପ୍ରଣୟ କାହାଣୀ ହିଁ ଏ କାବ୍ୟ।

ସାଧବଝିଅ କାବ୍ୟର କଥାବସ୍ତୁ - ମାନସିଂହଙ୍କ ରଚନାବଳୀ ମଧ୍ୟରେ ସାଧବ ଝିଅ ଏକ ଭିନ୍ନ ସ୍ୱାଦର କାବ୍ୟ। ଓଡ଼ିଶାର ନୌବାଣିଜ୍ୟର ଗୌରବଗାଥା, ସର୍ବୋପରି ସାଧବପୁଅର ଦୁଃସାହସିକ ନୌଯାତ୍ରା ତଥା ବାଣିଜ୍ୟକ ଜୟଯାତ୍ରା ମାନସିଂହଙ୍କ ମନରାଜ୍ୟରେ ଯେପରି ସର୍ବଦା ହେଉଥିଲା ଅନୁରଣିତ। ରୋମାଣ୍ଟିକ କବି ମାନସିଂହଙ୍କ ସୁଦୂର ମୋହ, ଅତୀତ ପ୍ରୀତି ତାଙ୍କୁ ପ୍ରୋତ୍ସାହିତ କରିଛି ଉତ୍କଳର ସାଧବମାନଙ୍କ ସମ୍ପର୍କରେ କାବ୍ୟ ରଚନା କରିବାକୁ। ଏଇ କାବ୍ୟକୁ ମାନସିଂହ ଦୀର୍ଘ ବ୍ୟବଧାନ ମଧ୍ୟରେ ସମାପ୍ତ କରିଛନ୍ତି। କାବ୍ୟର ପ୍ରାରମ୍ଭ ଓ ପରିସମାପ୍ତି ବିଳମ୍ବ ସମ୍ପର୍କରେ ମାନସିଂହ କାବ୍ୟର ମୁଖବନ୍ଧରେ ସ୍ପଷ୍ଟ କରିଦେଇଛନ୍ତି। ସାଧବଝିଅ କାବ୍ୟ ଚଉଦଟି ପରିଚ୍ଛେଦରେ ସମାପ୍ତ ହୋଇଛି। ଏହା ମଧ୍ୟରୁ ଅନେକ ଗୋଟିଏ ଗୋଟିଏ ସ୍ୱୟଂ-ସମ୍ପୂର୍ଣ୍ଣ କବିତା। ସାଧବଝିଅ ଓ ସାଧବପୁଅର ପ୍ରଣୟ କାହାଣୀ ମଧ୍ୟରେ ମାନସିଂହ ବର୍ଣ୍ଣନା କରିଛନ୍ତି ଓଡ଼ିଆ ସାଧବପୁଅର ମନର କାହାଣୀ।

ସଉଦାଗରର ସାତ ପୁଅରେ ଗୋଟିଏ ସୁନାନାକୀ ଝିଅ। ସେ ପୁଣି ଶୟନ କରେ ହଂସୁଳିଶେଯରେ, ଆଉ ସ୍ନାନ କରେ ସୁବାସ ଜଳରେ। ସାତ ସାଧବଙ୍କର ସାତ ଝିଅ ହେଉଛନ୍ତି ତା'ର ଭାଉଜ। ପ୍ରତ୍ୟେକଙ୍କର ସୁବର୍ଣ୍ଣମୟ ପୁର। ସାତ ଭାଇଙ୍କର ସାତଟି ବୋଇତ। ମଣିମୁକୁତାର ବେପାର ପାଇଁ ସେମାନେ ବି ସାତ ସମୁଦ୍ର ବୁଲି ଆସିଛନ୍ତି। କୌଣସି ସମୟରେ ବୋଇତ ବନ୍ଦାଣ ପାଇଁ ଭାଉଜମାନଙ୍କ ସାଥିରେ ଆସିଛି ସାଧବଝିଅ। ସେଇଠି ଅନ୍ୟ ଏକ ବୋଇତରେ ସେ ଦେଖିଛି ସାଧବପୁଅକୁ। ଦୁଇଟି ଆଖିର ଘଟିଛି ମିଳନ। ତା'ପରେ ବଣିଜ କରି କରି ବୋଇତ ଭାସିଯାଇଛି କେତେ କେତେ ଦେଶକୁ। ମାତ୍ର ସେଇଦିନୁ ସାଧବଝିଅ ଅନାଇ ରହିଛି ସାଧବ ପୁଅକୁ। ସାଧବଝିଅ କହିଛି -

"କେଉଁ ଧନେ ସେ ଗୋ ବଣିକ ଯୁବା
କରେ ବେପାର ?
ନାରୀ-ବୁକୁ ଘେନି ତା' ବେବସା,
ଭୁଆସୁଣୀ ଲୁହେ ତା' କାରବାର ?"

ସେହିଦିନଠୁଁ ସାଧବପୁଅର ଆଖିର ଠାଣି ସର୍ବଦା ସାଧବ ଝିଅର ଆଖିରେ ନାଚିଉଠୁଛି। ହଂସୁଲି ଶେଯରେ ବି ନିଦ ଆସୁନି। ଜୀବନଟା ଏକା ଏକା ଲାଗୁଛି। ଚାନ୍ଦିନୀ ରଜନୀରେ ସାଗର କୂଳରେ ଏକା ଏକା ଠିଆହୋଇଛି ସେ - କାରଣ "ମନର ମଣିଷ ନ ମିଳେ ଯଦି ବୁକୁର ବେଦନା ରହେ ବୁକୁରେ।" ସାଧବ ଝିଅର ମନରେ ଆଶଙ୍କା ହେଉଛି - ଆଉ କୌଣସି ଯୁବତ ତାଙ୍କୁ ସ୍ନେହ ଡୋରିରେ ବାନ୍ଧି ନେଇନି ତ ? ବିଜନ ବେଳାକୁ ସାଧବ ଝିଅ ପଚାରିଛି ସାଧବ ପୁଅ ଖବର -

ସାଧବ ପୁଅ ବି ସେହିଦିନୁ ଖୋଜି ବୁଲୁଛି ମାନସୀକୁ, ସାଧବ ଝିଅକୁ -

"ସେ ଆଖି ଦୁଇଟି ସମାନ ମାଣିକ କାହିଁ,
ଘାଟେ ଘାଟେ ମୋର ବୋଇତ ତାହାରି ପାଇଁ।
ଛାଡ଼ି ମୁଁ ଆସିଲି ସେ କେଉଁ ସାଗର କୂଳେ
ସାଧବ ପୁଅ ମୁଁ ଦିନ କାଟେ ତାରେ ଧ୍ୟାୟି !"

ସାଧବ ପୁଅ ଓ ସାଧବ ଝିଅର କେବଳ ଆଖିରେ ଆଖି ମିଶିଛି। ପଦେ କଥା କହିବାର ସୁଯୋଗ ନାହିଁ। ବୋଇତ ଫେରାଇ ନେବାର ବେଳ ହୋଇଥିବାରୁ ସାଧବ ପୁଅ ସିନା ବାହୁଡ଼ି ଆସିଲା, ମାତ୍ର ହୃଦୟଟିକୁ ସେଇଠି ହଜାଇ ଦେଇ ଆସିଛି। କବି ବିରହ ବେଦନାର ମାଧୁର୍ଯ୍ୟକୁ ଫୁଟାଇବାପାଇଁ, କାବ୍ୟ ମାଧୁର୍ଯ୍ୟର ସରସତା ପାଇଁ ପ୍ରେମିକାକୁ ବିଜନ ବେଳାରେ ଓ ପ୍ରେମିକ ସାଧବ ପୁଅକୁ ଘାଟରୁ ଘାଟକୁ ଦୂରକୁ ନେଇଯାଇଛନ୍ତି। ପିତୃଭକ୍ତ ସାଧବ ପୁଅର ଜୀବନ ବିତିଛି ବୋଇତରେ। କେବଳ କିଶୋର ବୟସରେ ସେ ଗୃହ ପରିବାରରେ ଯାହା କିଛି ଆନନ୍ଦ ଦେଖିଥିଲା। ସାଧବ ପୁଅର ମନରେ ବାରମ୍ବାର ପ୍ରଶ୍ନ ଉଙ୍କିମାରୁଛି ଯେ ସାଥୀହୀନ ଭାବରେ ଯୌବନ ବିତିଯାଇଛି।

"ଯଉବନ ଗଲା ଅ-ସାଥୀ ସାଗର ପରେ
ସାଥୀ-ଖୋଜା ପ୍ରାଣ ଶମିବ କାହାର ବଳେ ?
ଘାଟୁ ଘାଟେ ତରୀ ଭିଡ଼ି ମୋ ଜୀବନ ଗଲା
ପରାଣ ତରୀ ମୋ ଭିଡ଼ିବ କା' ପଦ ତଳେ ?"

ସାଧବ ପୁଅ ଦେଶ ଦେଶ ବୁଲି କେତେ କେତେ ଉପହାର ଆଣିଛି ସାଧବ ଝିଅ ପାଇଁ। କାବେରୀକୁ ଧବଳ ହୀରକ ହାର ଆଣିଛି, ଚୋଳରୁ ଆଣିଛି କନକ କୁସୁମର ମାଳା- ଏସବୁ ସେଇ ପ୍ରାଣପ୍ରିୟା ପାଇଁ। ହଠାତ୍ ଧବଳ ସଉଧରାଜି, ସେଇ ସୁନ୍ଦର ବେଳାଭୂମି ଦେଖି ଓ ଉଚ୍ଚ ଦେଉଳରେ ପତାକା ଉଡ଼ିବା ଦେଖି ସେଇ ଘାଟରେ ନଙ୍ଗର ପକାଇବା ପାଇଁ ମାଝିକୁ ଆଦେଶ ଦେଇଛି। ସାଧବ ଝିଅର ସନ୍ଧାନରେ

ବାହାରି ପଡ଼ିଛି ସାଧବ ପୁଅ। ଅଚାନକ ହୁଏତ ଦେଖାହୋଇଯାଇପାରେ, କାଳେ ଯଦି କେଉଁଠି ବାତାୟନ ପଥରେ କେଉଁଠି ଚାହିଁରହିଥିବ। ଏଇ ସେହି ନଗରୀ, ଏଇ ସେହି ବେଳାଭୂଇଁ, ଏଇଠି ଖୋଜିବ ସାଧବ ପୁଅ। ନାନା ରୂପ ଧରି ସେ ଖୋଜିବ ସାଧବବାଳୀକୁ। ତାର କବରୀରେ ହାର ଶୋଭନ ପାଇଁ ମାଳାକାର ହୋଇ ବୁଲିବ। ତା'ର ହାତର ସ୍ପର୍ଶ ପାଇଁ କାଚରା ହୋଇ ସେ ବୁଲିବ। ତା'ର ପାଦରେ ବଳୟ ପିନ୍ଧାଇ ଦେବା ପାଇଁ ସେ ସୁନାରି ବେଶ ଧରିବ। ତା'ର ପାଦସେବା ପାଇଁ ସେ ନାପିତ ରୂପ ବି ଧାରଣ କରିବାପାଇଁ ରାଜି। କିନ୍ତୁ ମନରେ ଆଶଙ୍କା ଆସୁଛି - ସେ କନ୍ୟା ଚିହ୍ନି ପାରିବ ତ ? ଖାଲି ଆଖିରେ ଆଖି ଥରେ ମିଶିଛି। ଏପରି ତରୁଣ କ'ଣ ଏ ନଗରୀରେ କେତେ ନ ଥିବେ ? ତଥାପି ମନରେ ଆଶା ଜାଗିଛି ସେ ବାଳା ନିଶ୍ଚୟ ଦେଖାହେବ।

ତେଣେ ସାଧବ ଝିଅ ଚାହିଁରହିଛି ତା'ର ପ୍ରଥମ ପଲକରେ ମନ କିଣିନେଇଥିବା ଯୁବାକୁ। ଗୌରୀ ସମାନ ସେ ତପସ୍ୟା କରି ଚାଲିଛି -

"ମାଟିର ଶିବ ଯେ ନିତି ନିତି ପୂଜେ
ମନାସିଲି ଦେବ ଦେବୀ,
ମାଣିକ ପ୍ରଦୀପ ଜାଗରେ ଜାଳିଲି
ଠାକୁରାଣୀ ପଦ ସେବି।"

ସାଧବ ଝିଅ ତା'ର ପରଦେଶୀ ବନ୍ଧୁ ପାଇଁ ଶରୀରର ସବୁ ପ୍ରସାଧନ ଛାଡ଼ିଦେଇଛି। ମଧ୍ୟଯୁଗୀୟ କାବ୍ୟରେ ନାୟକ ନାୟିକାର ପ୍ରୀତି ସଂଯୋଗ ପାଇଁ ମାଲୁଣୀର ଗୁରୁତ୍ୱପୂର୍ଣ୍ଣ ଭୂମିକା ରହିଛି। ମାନସିଂହ ସେହିପରି ଏଠାରେ ଏକ ମାଲୁଣୀ ଚରିତ୍ରର ଅବତାରଣା କରିଛନ୍ତି। ମାଲୁଣୀ କେବଳ ଗୋଟିଏ ଚରିତ୍ର ନୁହେଁ, ସମଗ୍ର କାବ୍ୟର ସୂତ୍ରଧାରଣୀ। ଆଧୁନିକ କାବ୍ୟ ଜଗତରେ ମାନସିଂହ ମାଲୁଣୀ ଚରିତ୍ରକୁ ସୁନ୍ଦର ଭାବରେ ଉପସ୍ଥାପନ କରିଛନ୍ତି। ମାଲୁଣୀ ଯୁବତୀମାନଙ୍କୁ ସୁବେଶ କରାଏ। କେବଳ ରୂପକୁ ନୁହେଁ ମନକୁ ବି ମୋହିନିଏ। ତା'ର ନିଜର ବେଶସଜ୍ଜା ବି କିଛି କମ୍ ନୁହେଁ। ସମଗ୍ର ଚତୁର୍ଥ ପରିଚ୍ଛେଦରେ ମାନସିଂହ ମାଲୁଣୀ ପ୍ରସଙ୍ଗର ସୁନ୍ଦର ବର୍ଣ୍ଣନା କରିଛନ୍ତି।

"ମୁଣ୍ଡରେ ଝରାକାଠି ଖୋଷାରେ ଖୋସା
ପାଦରେ ଝୁମ୍ପା ଭରି ଦେଇଛି ଯୋଷା।
ପୃଥୁଳ ବାହୁ ଭରି କୁଟିଛି ଚିତା
ନୟନେ ଖଞ୍ଜରୀଟ ହୋଇଛି ପୋଷା।"

ଖାଲି ସେତିକି ନୁହେଁ, ତା'ର ନାକରେ ନୋଥ, ଅନ୍ୟ ନାକରେ ନାକଚଣା, ନାକରେ ଲଗାଇଛି ନାକ-ବଣ୍ଡି। ପାନରେ ଓଠ ତା'ର ଲାଲ ଦିଶୁଛି, ଗାଲରେ ଜାକିଛି ପାନ। କପାଳରେ କଳାଚିତା ଉପରେ ଟିକିଲି। ତା'ର ଢେଉଢେଉକା କେଶରାଶିକୁ ମହଣ ଦେଇ ମାଙ୍ଗ କାଢ଼ିଛି। ବାହୁରେ ତା'ର ତାଡ଼, ଗୋଡ଼ରେ ପାହୁଡ଼ ଆଉ ବଳା। ତା'ର ଚାଲିରେ ସରଣୀ କମ୍ପିଉଠେ, ଧରଣୀର ନିଦ ଭାଙ୍ଗେ, ଆଉ ତାର ଗଜଗମନୀ ଚାଲି ହିଁ ତରୁଣୀମାନଙ୍କୁ ଚାଲିବାର କଳା ଶିଖାଇ ଶିଖାଇ ଯାଉଥାଏ। ନଗରର ବିଭିନ୍ନ କିଶୋରୀଙ୍କର ତା' ପାଖରେ ଭିନ୍ନ ଭିନ୍ନ ବରାଦ। ନାନା ଋତୁରେ ନାନା ଫରମାସୀ। ଅଭିଆଡ଼ି ଯୁବତୀ, ନବବିବାହିତା ବଧୂ ସମସ୍ତଙ୍କର ମନ ଭରିଦିଏ ମାଲୁଣୀ। କାହାର ସୂର୍ଯ୍ୟମୁଖୀ, କାହାର କଦମ୍ବ, ଗତ ବସନ୍ତରେ କେହି ହଂସଗମନୀ କେତକୀ ପାଇଁ ବରାଦ ଦେଇଥିଲା, ନ ପାଇଥିବାରୁ ସାରା ବରଷ ଅଭିମାନରେ ଫୁଲି ଫୁଲି କଥା କହିଛି। କେହି ନବବଧୂ ପୂର୍ଣ୍ଣିମାରେ ତା'ର ପ୍ରିୟ ଆସିବେ ବୋଲି ଏକ ବଉଳଫୁଲର ମାଳା ଗୁନ୍ଥିଦେବାକୁ ବରାଦ ଦେଇଛି। ସବୁରି ମନ ରଖିପାରେ ସେ ମାଲୁଣୀ।

"କାହାକୁ ନାହିଁ ବୋଲି କହଇ ନାହିଁ,
ହସି ଚତୁରୀ କହେ ଆଣିବା ପାଇଁ।
କାମିନୀ ମନ ସେ ତ ବୁଝିଛି ଭଲେ
ଭୁଲାଇ ରଖିଥାଏ ଆଶା ଦେଖାଇ।"

ସକଳ ରୂପସୀଙ୍କ ମନକୁ ରଖି ମାଲୁଣୀ ସାରା ନଗରର ତରୁଣ ତରୁଣୀଙ୍କ ମନକୁ ଜିଣିଯାଇଛି। କେତେ ନରନାରୀଙ୍କ ବୁକୁର ଗୋପନ କଥାକୁ ନିଜ ବୁକୁରେ ସାଇତି ରଖିଛି ମାଲୁଣୀ। ଏସବୁ ସତ୍ତ୍ୱେ ସାଧବବାଳା ନିକଟରେ ତା'ର ସ୍ୱତନ୍ତ୍ର ବରାଦ ଥାଏ। ଲହୁଣୀ ପିତୁଳା ସାଧବବାଳା, ବାହୁରେ ଫୁଲର ବଳା ଭିଡ଼ିଦେଲେ ରକ୍ତ ବାହାରିପଡ଼େ। ତା'ର ଚିକ୍‌କଣ କେଶରେ ଫୁଲ ରହେନାହିଁ। ମାଳା ଗୁଡ଼ାଇ ଦେଲେ ତା' କବରୀକୁ ଭାରିଲାଗେ। ଗଳାରେ ମାଳା ଦେଲେ ଘଡ଼ିକେ ତାକୁ କାଢ଼ିପକାଏ। ନରମ ଫୁଲମାଳାଟିରେ ବି କାନ୍ଧ ବଥାଇଯାଏ। କୁସୁମକୋମଳ ଯା' ଶରୀର-ଲତା ତାକୁ ପିନ୍ଧାଇବାକୁ ମାଲୁଣୀର ହାତ ଥରିଉଠେ। ସେହି ସାଧବ ଝିଅ ପାଖକୁ ଯାଉଥିବା ସମୟରେ ଦେଖାହେଲା ଦୂରଦେଶୀ ସାଧବ ପୁଅ ସହିତ ଚତୁରୀ ମାଲୁଣୀର। ସେ ରୂପବନ୍ତ ତରୁଣକୁ ମାଲୁଣୀ ଚକିତ ହୋଇ ଚାହିଁଲାବେଳେ ଲାଜରେ ତା'ର ଆଖି ବି ନଇଁଗଲା। ସାଧବ ପୁଅ ପଚାରିଲା "ମାଲୁଣୀ! ତୁମେ କ'ଣ ଖାଲି ଫୁଲ ବିକ୍ରୟ କର?" ସହଜ ସୁଲଭ ଭଙ୍ଗୀରେ ମାଲୁଣୀ କହିଲା - "ଖାଲି ଫୁଲ ବିକେନା, ହୃଦୟ

କିଣି ଫୁଲ ମାଳାରେ ବାନ୍ଧିଦେଇପାରେ ବି।” କ୍ରମେ ମାଲୁଣୀ ସହିତ ସାଧବ ପୁଅର ପରିଚୟ ନିବିଡ଼ ହୋଇଛି। ନିଜକୁ ଏକ ବିଦେଶୀ ମାଳାକାର ଭାବରେ ପରିଚୟ ଦେଇ ସାଧବ ପୁଅ ମାଲୁଣୀ ଘରେ ରହିଛି।

ଏ କାବ୍ୟର ପ୍ରତିନାୟକ ହେଉଛି ଏକ ଅତ୍ୟାଚାରୀ ରାଜପୁତ୍ର। ସେ ବି ସାଧବ ଝିଅର ରୂପ ଦର୍ଶନରେ ପାଗଳ। ସେ ହଟିଆ ରାଜପୁତ୍ର ଏବେ ହଟ ଲଗାଇଛି। ସାଧବ ଝିଅକୁ ରାଜଉଆସକୁ ନେବାହିଁ ତା'ର ଏକମାତ୍ର ଲକ୍ଷ୍ୟ। ରାଜାଙ୍କର ସାତରାଣୀରେ ସେ ଗୋଟିଏ ବୋଲି ପୁଅ। ଏପରି କିଛି ମନ୍ଦ କାର୍ଯ୍ୟ ନାହିଁ ଯାହା ସେ ନ କରିଛି।

“ଗର୍ଭିଣୀକୁ ଚିରି ଦେଖିଛି    ଶିଶୁ ଖେଳେ କିପରି,
ଅଙ୍ଗାଳିରୁ ଫିଙ୍ଗି ମନିଷ    ଦେଖେ ପତନ-ଶିରୀ।”

କୁଳବଧୂମାନେ ତା' ଭୟରେ ସନ୍ତ୍ରସ୍ତ। ନଗରର କଟୁଆଳମାନେ ବି ତାକୁ ଭୟ କରନ୍ତି, ମରଂ ରାଜପୁତ୍ରର ଅପରାଧ କର୍ମରେ ସେମାନେ ସାହାଯ୍ୟ କରନ୍ତି କିମ୍ବା ଦେଖି ନ ଦେଖିଲା ଭଳି ରୁହନ୍ତି। ରଜାପୁଅ ଦିନେ ପାରଧିକି ଯାଉ ଯାଉ ସଖୀ ଗହଣରେ ସ୍ନାନରତା ସାଧବ କନ୍ୟାକୁ ଦେଖିଲା। ତା'ର ପରିଚୟ ଜାଣିଲା ପରେ ବିବାହ ନିମନ୍ତେ ଅଡ଼ିବସିଲା। ରାଜା ସାଧବକୁ ଏ ପ୍ରସଙ୍ଗ ଜଣାଇବାରୁ ସାଧବ ନିଜର ପୂର୍ବ ପ୍ରତିଶ୍ରୁତି ପ୍ରସଙ୍ଗରେ କହିଛି ଯେ- 'ନୀଳାଚଳ ଧାମରେ ଝିଅର ମା' ଆଗରୁ କଥାଦେଇଛି ଯେ ଚେଳିତୋଳାର ସାଧବ ଶ୍ରେଷ୍ଠୀସୁତକୁ ସେ କନ୍ୟାଦାନ କରିବ। ଏବେ ଚେଳିତୋଳାର ବୋଇତ ଆସିଛି, ଏ ମଲା କାଳରେ କାହିଁକି ସତ୍ୟଭଗ୍ନ ହେବି'। ଏକ କଥାରେ ରାଜା ନୀରବ ହୋଇଗଲେ ମଧ୍ୟ ରାଜପୁତ୍ର ହୋଇଛି ଆହୁରି ହିଂସ୍ର। ଏଥିରେ ରାଜପୁତ୍ର ସମସ୍ତ ପ୍ରହରୀଙ୍କୁ ସତର୍କଦୃଷ୍ଟି ରଖିବାପାଇଁ ଆଦେଶ ଦେଇଛି। ସାଧବ ଝିଅ ଓ ବୋଇତର ସାଧବ ପୁଅର ଗତିବିଧି ଉପରେ ସତର୍କ ଦୃଷ୍ଟି ରଖିବା ପାଇଁ ପୁରପାଳକଙ୍କୁ ଶହେଜଣ ପ୍ରହରୀ ନିଯୁକ୍ତ କରିବାକୁ ଆଦେଶ ଦେଇଛି।

ଏଣେ ଏଇ ମାଲୁଣୀ ମାଧ୍ୟମରେ ପୂର୍ବୋକ୍ତ ସାଧବ ପୁଅର ସାଧବ ଝିଅ ସହିତ ହୋଇଛି ଯୋଗସୂତ୍ର। ମାଲୁଣୀକୁ ଗୋଟିଏ ସୁନ୍ଦର ମାଳା ପ୍ରଦାନ କରି ସାଧବ ଝିଅକୁ ଦେବାକୁ କହିଛି ଯେ -

“ମାଲୁଣୀ ତୁ ଦିଏ ଏ ମାଳାଟି
ଆଜି ନେଇ କିଶୋରୀକି ତୋର
ଯଦି ତା'ର ହୋଇବ ପସନ୍ଦ
କହିବୁ ମୁଁ ମାଳୀ କଳିଂଗର।”

ଫୁଲମାଳାକୁ ଦେଖି ସାଧବ ଝିଅ ମାଲୁଣୀକୁ ପ୍ରଶ୍ନ କରିଛି - ଏ ଚମତ୍କାର ମାଳଟି କାହାର - ନୂଆ ହାତ ଲାଗିଲା ପରି ଜଣାଯାଉଛି। ସାଧବ ଝିଅ ପ୍ରସଙ୍ଗକ୍ରମେ ତା' ମନର କଥା କହିଛି। ଚତୁରୀ ମାଲୁଣୀ ସବୁ ଜାଣି ବି କିଛିଦିନ ପାଇଁ ଉଭୟଙ୍କୁ ରହସ୍ୟ ଭିତରେ ରଖି ଶେଷରେ ଗୋପନରେ ସେମାନଙ୍କର କରାଇଛି ମିଳନ। ଏହି ମିଳନ ଭିତରେ କବି ମାନସିଂହ କେତେବେଳେ ମାଲୁଣୀ ମୁଖରେ ତ କେତେବେଳେ ସାଧବ ଝିଅ ତଥା ସାଧବ ପୁଅ ମଧ୍ୟରେ ନାରୀ-ପୁରୁଷ ସମ୍ପର୍କରେ ନାନା ମନ୍ତବ୍ୟ ଦେଇ ପାଠକ-ପାଠିକାଙ୍କୁ ବିଶେଷ କାବ୍ୟାନନ୍ଦ ପ୍ରଦାନ କରିଛନ୍ତି- ଯେପରି-

"ପୁରୁଷ ମନ ଭ୍ରମର ସମ ଫୁଲରୁ ଫୁଲ ଉଡ଼େ
ନୂତନ ଆଶେ ମୋହରେ ପଶେ ଖଟରୁ ଖଡକୁଡ଼େ।"

ସାଧବ ପୁଅକୁ ମାଲ୍ୟାଣୀ କହିଛି -

"ନାରୀ ତ ବୀଣା ଚାହେଁ ବାଜଣା ବାୟକ ପୁଂସ କରେ
ପାରିଲେ ବାଇ, ଗୀତ ଫୁଟାଇ ତା' ଦେହୁ ନିରନ୍ତରେ।"

ନବମ ପରିଚ୍ଛେଦରେ ରାଜକୁମାରର ଡରରେ ମାଲୁଣୀ ଘରେ ଲୁଚିରହିଥିବା ସାଧବପୁଅ ସମ୍ପର୍କରେ ସାଧବ ଝିଅ ନିଜର ମନୋଭାବ ବ୍ୟକ୍ତ କରିଛି। ପ୍ରତ୍ୟେକ ଝିଅ ଚାହାନ୍ତି ଯେ, ତା'ର ସ୍ୱାମୀ ମର୍ଯ୍ୟାଦାସମ୍ପନ୍ନ ଅବସ୍ଥାରେ ଥାଉ ଓ ତାଙ୍କର ବିବାହ ବି ଖୁବ୍ ଧୁମ୍‌ଧାମ୍‌ରେ ହେଉ। ସାଧବ ଝିଅ ତା'ର ପ୍ରେମିକ ସମ୍ପର୍କରେ ମାଲୁଣୀକୁ କହିଛି ଯେ - ମୁଁ ଭଲ ଘର ଦାସଦାସୀ ନେଇ ରହୁଛି, ମାତ୍ର ମୋ ପ୍ରିୟ ଅଥାନରେ ଲୁଚି ଲୁଚି ବୁଲୁଛନ୍ତି। ତାଙ୍କ ଦୁଃଖ ମୁଁ ସହିପାରୁନି। ହାତରୁ ରତ୍ନ ମୁଦି, କଣ୍ଠରୁ ମାଣିକ ହାର ନେଇଯାଇ ସାଧବ ପୁଅକୁ ରଜାର ଥାଟରେ ରଖିବାପାଇଁ କହିଛି। ସାଧବପୁଅକୁ ବାସ ଭୂଷଣରେ ରଜାପୁଅ ପରି ସଜାଇ ଘୋଡ଼ାରେ ଚଢ଼ି ସୁନାମୁକୁଟ ନାଇ ଥାଟରେ ଚାଲିବା ପାଇଁ ସାଧବ ଝିଅ ଇଚ୍ଛା ବ୍ୟକ୍ତ କରିଛି। ରଜାପୁଅ ଡରରେ ଲୁଚି ଲୁଚି ଦେଖା କରିବାକୁ ଆସିବା ତାକୁ ବାଧୁଛି। ସେ ଇଚ୍ଛା କରୁଛି ତା ପ୍ରେମିକ -

"ପୁରୁଷ ପରି ମତେ ଲଢ଼ି ସେ ନେବେ
ଲୋକ ଲୋଚନ ଆଗେ,
ଦେବତା ପରି ମତେ ଅଭୟ ଦେବେ
ଚୁଂବି ପ୍ରଣୟ ରାଗେ।"

ସାଧବ ଝିଅ ବିଳାପ ସମୟରେ ପ୍ରେମିକାର ହୃଦୟ ହାର ଓ ବିପଦରେ ପ୍ରେମିକ ପାଇଁ ବି ଦୃଢ଼ୋକ୍ତି ଜଣାଉଛି।

ଦଶମ ପରିଚ୍ଛେଦରେ କବି ସାଧବ ପୁଅର ଅଭିଳାଷ ବ୍ୟକ୍ତ କରିଛନ୍ତି। ସାଧବ

ପୁଅର ପ୍ରେମିକା ଯେଉଁ ସାଧବ ଝିଅ ସେ ଯେ ସର୍ବଶ୍ରେଷ୍ଠ ଏକଥା ଛତ୍ରେ ଛତ୍ରେ ସେ ଅନୁଭବ କରିଛି। ସେ ବାୟୁ, ଆକାଶ, ଜଳ, ବନ ଓ ତରୁଲତାକୁ ଶୁଣାଇ, ସାକ୍ଷୀ ରଖି କହୁଛି ଯେ ଜୀବନର ଯେଉଁସବୁ ବିଳାସ ଅଛି, ବିଳାସର ଯେତେ ମଧୁରତା ରହିଛି, ସାଧବ ଝିଅକୁ ପାଇବା ଭିତରେ ସେ ଯେପରି ସବୁ ପାଇପାରିଛି। ଏ ସଂସାରରେ ସାର ହେଉଛନ୍ତି କିଶୋରୀମାନେ, ସେଇ କିଶୋରୀର ସାର ହେଉଛି ହୃଦୟ, ସେ ହୃଦୟର ସାର ହେଉଛି ପ୍ରୀତି-ଝରୀ, ସେଇ ସୁଧାମୟ ପ୍ରୀତି-ଝରୀ ମୋ ହାତରେ, ମୁଁ ମନତୋଷ କରି ପିଉଛି। ତେଣୁ ଏ ଦୁନିଆ ମୋତେ କିପରି ନୂଆ ନୂଆ ଲାଗୁଛି। ଏହିପରି ସମଗ୍ର ପରିଚ୍ଛେଦଟି ନାୟିକାର ରୂପ ବର୍ଣ୍ଣନାରେ ପରିପୂର୍ଣ୍ଣ। ସେ ନାୟିକା ଇନ୍ଦ୍ରଧନୁ ପରି ସୁନ୍ଦର ଓ ମେଘ ପରି ସର୍ବଶୁଭଙ୍କର। କାରଣ -

"ଓଠେ ଜଳେ ନିଆଁ ତା ଚୁମ୍ବନେ,
ପୁଲକିତ ତନୁ ତା'ର ବାସେ
ଆଲୋକିତ ହିୟା ତା ମିଳନେ,
ନବବାଣୀ କୋମଳ ତା ଭାଷେ
ଚାଲିଲେ ସେ ଫୁଲଫୁଟେ ତଳେ
ଘନୀଭୂତ ମଳୟ ତା' କରେ।"

ଏହିପରି ବର୍ଣ୍ଣନା ଭିତରେ ଅନେକ କଥା କହିଗଲା ପରେ ସାଧବ ପୁଅ କହୁଛି - ଏ ସୁନ୍ଦରୀ ହେଉଛି ଏ ଧରଣୀର ସାର, ସେ ତାଙ୍କ ପ୍ରାଣର ସହଚରୀ, ସେ ବି ସର୍ବ ଶୁଭଙ୍କରୀ, ସାଧବ ପୁଅର ଜୀବନ ସାଗରରେ ଏକ ନୂଆ ସୁନାର ତରୀ।

ଏକାଦଶ ପରିଚ୍ଛେଦରେ ନାୟକ ନାୟିକାର ମିଳନ ଦୃଶ୍ୟ ବର୍ଣ୍ଣିତ। ଦୀର୍ଘ ବର୍ଣ୍ଣନା ଭିତରେ କବି ନବଯୁବା ଓ ଯୁବତୀର ମିଳନର ଚିତ୍ର ପ୍ରଦାନ କରିଛନ୍ତି। ଏହି ଅଂଶର ଶେଷରେ କାବ୍ୟର ଶୀର୍ଷବିନ୍ଦୁ ଉପଗତ। ମାଲୁଣୀର ଗୃହ ତଥା ଉପବନରେ ନାୟକ ନାୟିକାଙ୍କର କ୍ରମାଗତ ମିଳନ ଲୋକଲୋଚନକୁ ଆସିପାରିଛି। ରଜା-ଗୁପ୍ତଚର ଏ ସମ୍ପର୍କରେ ଜାଣିପାରିବାର ସନ୍ଧାନ ପାଇପାରିବାରୁ ସାଧବ ପୁଅର ନାବକୁ ପଳାଇ ଯିବାକୁ ସାଧବ ଝିଅ ପ୍ରସ୍ତାବ ଦେଇଛି। ଦିନେ ଘୋର ଅନ୍ଧାର ରାତିରେ ଦୁର୍ଗା ସ୍ମରଣ କରି ନାୟକ-ନାୟିକା ପଳାଇଯିବାକୁ ପ୍ରସ୍ତୁତ ହୋଇଛନ୍ତି।

ପ୍ରେମର ତରଙ୍ଗ ଉତ୍ତାଳ ଘୂର୍ଣ୍ଣିବାତ୍ୟାର ହୋଇଛି ସମ୍ମୁଖୀନ। ରାଜପୁତ୍ରର କଟୁଆଳମାନେ ପଶ୍ଚାତ୍‌ଧାବନ କରିଛନ୍ତି ଦୁଇଜଣଙ୍କର। "ଧର ଧର, ମାର ମାର, ବାନ୍ଧ କିନ୍ତୁ ହତ୍ୟା କରନାହିଁ। ସାଧବ ଝିଅକୁ କୌଣସି ଅବସ୍ଥାରେ ଟଣାଟଣି କରନାହିଁ" ବୋଲି କଟୁଆଳ ସର୍‌ଦାର ଆଦେଶ ପ୍ରଦାନ କରୁଥାଏ। ରଜାପୁଅର ପାଇକମାନେ

ନାନା ପ୍ରତିବନ୍ଧକ ସୃଷ୍ଟି କରିଛନ୍ତି । କିନ୍ତୁ ତରୁଣ-ତରୁଣୀ ନିର୍ଭୀକ ଭାବରେ ବୋଇତ ଅଭିମୁଖେ ଆଗେଇ ଚାଲିଛନ୍ତି । ତରୁଣ-ତରୁଣୀ ପରସ୍ପରକୁ ସାହସ ପ୍ରଦାନ କରିଛନ୍ତି । ବୋଇତରେ ଚଢ଼ିବା ପୂର୍ବରୁ ପାଞ୍ଚଜଣ ଅଶ୍ୱାରୋହୀ ଘେରିଯାଇଛନ୍ତି ଓ ପାଇକ ସର୍ଦ୍ଦାର 'ନାରୀ ଛାଡ଼ି ଚାଲିଯାଅ' ବୋଲି ହୁଙ୍କାର ଦେଇଛି । ମାତ୍ର ସାଧବପୁଅ ଉଚ୍ଚସ୍ୱରରେ ପ୍ରାଣଥିବାଯାଏ ଛାଡ଼ିବ ନାହିଁ ବୋଲି ଦମ୍ଭର ସହିତ ପ୍ରତ୍ୟୁତ୍ତର ଦେଇଛି । ପାଇକମାନେ ଝିଅକୁ ବଳପୂର୍ବକ ଆଣିଲା ବେଳେ ଝିଅ ବି ନିଜ ଅଣ୍ଟାରୁ ଛୁରା କାଢ଼ି ପାଇକମାନଙ୍କ ସହ ସଂଗ୍ରାମ କରିଛି । ପ୍ରେମିକ-ପ୍ରେମିକାର ପ୍ରଣୟରେ ଗଭୀରତା ଓ ଓଡ଼ିଆ ପାଇକ ତଥା କଳିଂଗର ସାଧବମାନଙ୍କ ବୀରତ୍ୱର ନମୁନା ପ୍ରଦର୍ଶନ କରିବା ଲକ୍ଷ୍ୟରେ ଏପରି ଆକ୍ରମଣ ପ୍ରତିଆକ୍ରମଣର ଚିତ୍ର ଅଙ୍କନ କରିଛନ୍ତି କବି । ସରଦାର ଓ ପାଇକମାନେ ସାଧବଝିଅକୁ ଧରି ଚାଲିଯାଇଛନ୍ତି । ଆହତ ସାଧବପୁଅ ଅନ୍ଧକାରରେ ପଡିରହିଛି । ଚେତା ଆସିବା ପରେ ଅନ୍ଧକାରରେ ଡାକୁଛି 'ଅଛି ତ ସେ ମୋ ପାଖରେ' । ମାନସିଂହ ବଡ଼ କରୁଣ ଦୃଶ୍ୟ ପ୍ରଦାନ କରି ଏ ଅଂଶକୁ ସମାପ୍ତ କରିଛନ୍ତି । ତ୍ରୟୋଦଶ ପରିଚ୍ଛେଦରେ ଯୁଦ୍ଧ ପରବର୍ତ୍ତୀ କରୁଣ ଅଥବ ଶାନ୍ତ ଅବସ୍ଥାର ଚିତ୍ର ପ୍ରଦାନ କରାଯାଇଚି । ସାରା ନଗରରେ ଲୋକାମାନେ ଚୁପ୍ ଚୁପ୍ କଥାବାର୍ତ୍ତା ହେଉଛନ୍ତି ଯେ ସାଧବ ପୁଅ ହଣା ଖାଇଛି, ବିଦେଶୀ ଯୁବକର ଲୋକବାକ ବନ୍ଦୀ ହୋଇଛନ୍ତି, ସାଧବର ଦୁଇଟି ବୋଇତ ଦଗ୍ଧ ହୋଇଛି । ସାଧବ ପୁଅ ଓ ସାଧବ ଝିଅ କେଉଁଠି ଅଛନ୍ତି ତା'ର ପତ୍ତା ମିଳୁନି ।

"ମାଲୁଣୀଟା କାନ୍ଦେ ଉଚ୍ଚେ ପୁଷ୍କରିଣୀ ଘାଟେ
ଶୁଣି ଠିଆ ହେଉଛନ୍ତି ଯିବା ଲୋକ ବାଟେ ।
କାଣୀ କୁଜୀ ଘର କରି ରହଂତି ସୁଖରେ
ସୁନାକାଠି ମୋର ମଲା ଏତେ କଲବଲେ ।"

ଏହି ଅଂଶରେ ମାଲୁଣୀର କରୁଣ କାନ୍ଦଣା ଓ ସାଧବ ପୁଅ ସାଧବ ଝିଅର ଗୁଣ କଥନ ବର୍ଣ୍ଣିତ ହୋଇଛି ।

କାବ୍ୟର ଶେଷ ଅଂଶରେ ନିର୍ଜନ ବଣ ମଧ୍ୟରେ ଏକ ଅମୁହାଁ ଗଡ଼ରେ ସାଧବ ନନ୍ଦିନୀ ବନ୍ଦୀ ହୋଇଥିବାର ବର୍ଣ୍ଣନା କରାଯାଇଛି । ରଜାପୁଅ ଜିଦ୍ ଧରିଛି ଯେ, ଯେ ଯାଏ ସେ ନ ମଙ୍ଗିଛି ସେଯାଏ ତା'ର ମୁକ୍ତି ନାହିଁ । ଚେଟୀ ବା ଚାକରାଣୀ ପ୍ରତିଦିନ ସେ ଝିଅକୁ ଅଙ୍ଗିକାର ମାଗି ବିଫଳ ହୋଇ ଫେରିଆସୁଛି ।

କାବ୍ୟର ଶେଷ ଅଂଶଟି ଅତ୍ୟନ୍ତ କରୁଣ । ନିରୁଦ୍ଦିଷ୍ଟ ସାଧବ ପୁଅ ଓ ବନ୍ଦିନୀ ସାଧବ ଝିଅର ବର୍ଣ୍ଣନା କାବ୍ୟର ଭାବଧାରାକୁ ବହୁଗୁଣିତ କରିଦେଇଛି । ଦିନେ ରାତିରେ ଜଣେ ବୈରାଗୀ ବେଶରେ ସାଧବ ପୁଅ ସେ ନିବୁଜ ଗଡ଼ ନିକଟରେ ପହଁଚିଛି ।

ସକଳେ ନିଦ୍ରିତ ଥିଲାବେଳେ ଅତି କରୁଣ ସ୍ୱରରେ ଗୀତ ଗାଇ ଗାଇ ବୁଲୁଛି -

"କାହିଁରେ ଗଲୁ ପ୍ରିୟ ଦୋସର ପ୍ରାଣ ମୋର
ବଂଚିଛୁ ମରିଛୁକି ନ ଜାଣି
ମୁଁ ଅଂଧ, ଅଂଧକାରେ ହଜିଲା ଚିଜ ଖୋଜେ,
ଆକୁଳେ କରୁଅଛି ଭ୍ରମଣି।"

ସାଧବ ପୁଅ ଗୀତରେ ତା'ର କରୁଣ କାହାଣୀ କହି କହି ଚାଲିଛି। ଦୁର୍ବଳ ଶରୀର ଓ ଅନାହାର ଅବସ୍ଥାରେ ନଗର, ବନ, ବିଲ, ପ୍ରାନ୍ତର, ଖୋଜି ଖୋଜି ଚାଲିଲେ ବି ପ୍ରିୟାର ସନ୍ଧାନ ପାଇପାରିନି। ରଜାର କଟୁଆଳ ପ୍ରେମିକ ପ୍ରେମିକାକୁ କିପରି ନିଷ୍ଠୁର ଭାବରେ ଅଲଗା କରିଦେଲେ, ସେତେବେଳେ ଶେଷ ନିମିଷ ଯାଏ କିପରି ସାଧବ ପୁଅର ଗଳାକୁ ସାଧବ ଝିଅ ତା' କୋମଳ ହାତରେ ଛନ୍ଦିଧରିଥିଲା ଆଦି ଘଟଣା ଗୀତରେ ବର୍ଣ୍ଣନା କଲାବେଳେ - ଏହି ସମୟରେ ଉପରେ ବାତାୟନ ଖୋଲିବାର ଶବ୍ଦ ହେଲା। ସାଧବ ପୁଅ ଆଶ୍ଚର୍ଯ୍ୟ ହୋଇ ଉପରକୁ ଚାହିଁଲା କ୍ଷଣି -

"ଏଇ ଯେ ମୁହିଁ ପ୍ରିୟ କୋଳକୁ ପୁଣି ନିଅ" କହି ସେ ସାଧବ ଝିଅ ତଳକୁ ଡେଇଁପଡ଼ିଲା। ତା'ର ମୁଖର ଭାଷା ଶେଷ ନ ହେଉଣୁ କରକା ପ୍ରାୟ ତଳେ ଲୋଟିପଡ଼ିଲା। ତଳେ ପଡ଼ି ପ୍ରାଣତ୍ୟାଗ କରିଛି ସାଧବଝିଅ। ତାହାର ସଦ୍ୟମୃତ ଶରୀର ଉପରେ ଲୋଟିପଡ଼ି ଆତ୍ମହତ୍ୟା କରିଛି ସାଧବ ପୁଅ। ଯେଉଁ ମିଳନ ଜୀବନରେ ସମ୍ଭବ ହୋଇପାରିଲା ନାହିଁ ତାହା ମରଣରେ ହିଁ ସମ୍ଭବ ହୋଇଛି। କାବ୍ୟଟି ବିୟୋଗାନ୍ତକ, କରୁଣ ପରିବେଶ ସୃଷ୍ଟିକରି ପାଠକ-ପାଠିକା ମନକୁ ଦ୍ରବୀଭୂତ କରେ। ଶେଷରେ ମାନସିଂହଙ୍କ ଭାଷାରେ -

"ରଜାର ପୁଅ ମିଳି ଦେଖନ୍ତି କୋଳାକୋଳି ଦୁଇଟି ଶବ ପ୍ରୀତି-ରସାଳ।"

ଏ ଦୃଶ୍ୟ ସମସ୍ତଙ୍କୁ ନିର୍ବାକ୍ କରିଦେଇଛି। ଏବଂ ଜୀବନ ବାଧା ଡେଇଁ ମିଳନ-ସିନ୍ଧୁ ପାଶେ ଓ ସାଧବ ମରଣ -ପଥେ ପ୍ରୀତି-ଜାହ୍ନବୀ।

ଓଡ଼ିଶାର ନୌବାଣିଜ୍ୟ ଓ ସାଧବ ଝିଅ - ବଣିଜ ବ୍ୟବସାୟରେ ହିଁ ଦେଶର ସମୃଦ୍ଧି ଘଟେ। କାହିଁ କେତେ ପୁରା କାଳରେ ବି ଏ ଦେଶରେ ବାଣିଜ୍ୟିକ ପରମ୍ପରାର ସଙ୍କେତ ମିଳେ। ୟୁରୋପୀୟ ବଣିକଙ୍କର ଆଗମନ ଓ ବୋମ୍ବାଟିଆ ଜଳଦସ୍ୟୁମାନଙ୍କର ଆମ ନାବିକମାନଙ୍କୁ ଆକ୍ରମଣ ପର୍ଯ୍ୟନ୍ତ ଉତ୍କଳର ନୌବାଣିଜ ଖୁବ୍ ଭଲ ଅବସ୍ଥାରେ ଥିଲା। କେବଳ ଜଳପଥରେ ନୁହେଁ, ସ୍ଥଳପଥରେ ବି ଉତ୍କଳୀୟ ବଣିକମାନେ ଓଡ଼ିଶା ବାହାରେ ଅନେକ ଦୂର ପର୍ଯ୍ୟନ୍ତ ଶଗଡ଼ରେ ପଣ୍ୟ-ଦ୍ରବ୍ୟ ନେଇ ବଣିଜ କରିବାକୁ ଯାଉଥିଲେ। ଭଗବାନ୍ ବୁଦ୍ଧଙ୍କର ପ୍ରଥମ ଦୁଇ ଶିଷ୍ୟ ଓଡ଼ିଆ ବଣିକ ତପସୁ ଓ ବଲ୍ଲିକ।

ଏମାନଙ୍କ ବୁଦ୍ଧଙ୍କୁ ଖାଦ୍ୟ ପ୍ରଦାନ କରିଥିଲେ ଓ ତାଙ୍କର ପ୍ରଥମ ଶିଷ୍ୟତ୍ୱ ଗ୍ରହଣ କରିଥିଲେ। ଓଡ଼ିଶାର ମନ୍ଦିର, ଶିଳାଲିପି ଓ ତାମ୍ରପତ୍ରରେ ବୋଇତ ଯାତ୍ରା ସମ୍ପର୍କରେ ବିରଣୀମାନ ମିଳେ। ଓଡ଼ିଶାର ସାଧବମାନେ ବୋଇତରେ ଯାତ୍ରାକରି ସାଗର ସେପାରିର ସୁଦୂର ଜାଭା, ସୁମାତ୍ରା ବାଲି ଓ ବୋର୍ଣ୍ଣିଓ ଆଦି ରାଜ୍ୟ ସହିତ ବାଣିଜ୍ୟିକ ସମ୍ପର୍କ ସ୍ଥାପନ କରିଥିଲେ। ସେମାନେ ସେଠାରେ ସାମ୍ରାଜ୍ୟ ସ୍ଥାପନ କରିବାର ନମୁନା ଏବେ ବି ରହିଛି।

ଓଡ଼ିଶାର ପର୍ବପର୍ବାଣି ଓ କିଂବଦନ୍ତୀରେ ସାଧବପୁଅର ବୋଇତ ଯାତ୍ରା ପ୍ରସଙ୍ଗ ବର୍ଣ୍ଣିତ। ତଅପୋଇ କଥା ବା ଖୁଦୁରୁକୁଣୀ ଓଷା ଏବେ ମଧ୍ୟ ହଜିଲା ଦିନର ସ୍ମୃତିକୁ ମନେପକାଇଦିଏ। କବି ଗୋପୀନାଥ ଦାସ ତଅପୋଇ କାହାଣୀକୁ ପୁରାଣ ପରମ୍ପରାରେ ଲେଖି ତଅପୋଇକୁ ଅଭିଶପ୍ତ ସ୍ୱର୍ଗଚ୍ୟୁତ ଅପ୍ସରା ଓ ତାହାର ଗନ୍ଧର୍ବ ପତି ପ୍ରସଙ୍ଗ ଉଲ୍ଲେଖ କରିଥିଲେ ବି ତା'ର ମୂଳ କାହାଣୀ ଯେ ବୋଇତ ଯାତ୍ରା ସହିତ ସଂଶ୍ଳିଷ୍ଟ ଏକଥା ଅସ୍ୱୀକାର କରିହେବନାହିଁ। "ବହିତ୍ର ଲାଗିଲା ଯାଇ ସିଂହଳ ଦ୍ୱୀପରେ" ଭଳି ପଦ ସେ ସ୍ୱର୍ଣ୍ଣ ଯୁଗର କଥାକୁ ମନେପକାଇଦିଏ।

କିଂବଦନ୍ତୀରେ ଇତିହାସ ଲୁଚି ରହିଥାଏ। କେବଳ ସ୍ଥାନ ଓ କାଳକୁ ଛାଡ଼ିଦେଲେ ଏଥିରେ ଇତିହାସର ଅନେକ କଥା ଥାଏ। ଚଳଣିରେ ସଂସ୍କୃତିର ମହନୀୟ ସଂକେତ ଫୁଟିଉଠିଥାଏ। ଏବେ ବି ଭାଦ୍ରବ ମାସର ପ୍ରତି ରବିବାର ସକାଳୁ ଝିଅମାନେ ନଦୀ ବା ପୁଷ୍କରିଣୀ କୂଳରେ ବାଲୁକା ଲିଂଗ (ବାଲୁଂଗା) ପୂଜାକରି ସଂଧ୍ୟା ସମୟରେ ଢେଙ୍କିଶାଳରେ ବୋଇତ ଛବି ଲେଖି ମା' ମଙ୍ଗଳା ପୂଜା କରନ୍ତି। ଏଥିରେ ମଙ୍ଗଳାଙ୍କର ମାହାତ୍ମ୍ୟ ଓ ସାଧବ ଝିଅ ତଅପୋଇର କାହାଣୀ ସମ୍ବଳିତ ବହି ପାଠ କରାଯାଏ। ମାଆ ମଙ୍ଗଳା ଓ ବାଲୁକା ଲିଙ୍ଗ ଲୋକ-ଦେବତା ବା ଅବୈଦିକ ଦେବଦେବୀ ହୋଇଥିବାରୁ  ଓ ଏ ପରମ୍ପରା ସାଧବ ପରିବାରର ହୋଇଥିବାରୁ ବୋଧହୁଏ ସେଇଥିପାଇଁ ବ୍ରାହ୍ମଣମାନେ ଏ ପୂଜା କରନ୍ତି ନାହିଁ। ଏଥିରେ ବୋଇତ ବାଣିଜ୍ୟ ସମ୍ପର୍କୀୟ ପୂର୍ଣ୍ଣାଙ୍ଗ ଚିତ୍ର ରହିଛି। ମହାଳୟା ଶ୍ରାଦ୍ଧର ଉଦ୍‌ଯାପନ ପିମ୍ଭେଇ ଅମାବାସ୍ୟା ରାତିରେ ପିତୃପୁରୁଷଙ୍କୁ କାଉଁରିଆ କାଠିରେ ହୁଳାଜାଳି ପୂଜା ଇତ୍ୟାଦି ହୁଏ। ଏଦିନ ଏକ ବୋଇତର ଛବି ଅଙ୍କନ କରି ସେଥିରେ ଓଡ଼ିଶାର ସେ ସମୟର ଉତ୍ପାଦିତ ଦ୍ରବ୍ୟ ଯଅ, ସୋରିଷ, ଆଖୁ ଓ ଗୁଡ଼, ପାନ, ଧାନ ଆଦି ରଖିବା ଭିତରେ ସେହି ଅତୀତର ଅଭୁଲା ସ୍ମୃତି ଲେଖିହୋଇଯାଏ।

କାର୍ତ୍ତିକ ମାସରେ ଜଳାଯାଉଥିବା ଦୀପର ପୃଷ୍ଠପଟରେ ବୋଇତ ଯାତ୍ରାର ସ୍ମୃତି ବିଦ୍ୟମାନ। ଏବେ ପଞ୍ଚକ ପାଞ୍ଚଦିନ ସନ୍ଧ୍ୟା ସମୟରେ ତୁଳସୀ ଚଉରା ମୂଳରେ

ସଛିଦ୍ର ହାଣ୍ଡି ମଧ୍ୟରେ ଏକ ଦୀପ ଜଳଯାଇ ଶିକା ଓ ଦଉଡ଼ି ସାହାଯ୍ୟରେ ପୋତା ହୋଇଥିବା ବାଉଁଶ ଉପରକୁ ଉଠାଯାଏ। ଏଥିରେ ଆକାଶକୁ ଆବାହନ କରାଯାଇଥାଏ। ବର୍ତ୍ତମାନ ଏହା ପଞ୍ଚକ ପାଞ୍ଚଦିନ ଜଳାଯାଉଅଛି, ଆଗେ ଏ ପରମ୍ପରା କୁମାରପୂର୍ଣ୍ଣିମା ପରଦିନଠାରୁ କାର୍ତ୍ତିକ ପୂର୍ଣ୍ଣିମା ରାତି ପର୍ଯ୍ୟନ୍ତ ଜଳାଯାଉଥିଲା। ଆଗେ କେବଳ ଯେଉଁମାନଙ୍କର ବୋଇତ ପାଇଁ ପଣ୍ୟ ସଂଗ୍ରହ କରାଯାଏ ସେଇମାନଙ୍କ ପାଇଁ ଏ ବ୍ୟବସ୍ଥା। ବୋଇତରେ ସ୍ଥାନ ଖାଲି ଅନୁସାରେ ଏ ଦୀପକୁ ଉପରକୁ ଉପରକୁ ଉଠାଯାଏ। ଯଦି କାହାର ବୋଇତ ପୂରଣ ହୋଇଯାଏ ତଥାପି ସେ ଆକାଶ ଦୀପକୁ ସବା ଉପରକୁ ଉଠାଇ କାର୍ତ୍ତିକ ପୂର୍ଣ୍ଣିମା ପର୍ଯ୍ୟନ୍ତ ରଖେ ଓ ବୋଇତମାନେ ଅନୁକୂଳ କରି ଏକ ସମୟରେ ଯାତ୍ରା କରନ୍ତି। ଏ କାହାଣୀର ବିଶେଷତ୍ୱ ଯାହାହେଉ, ଏହାର ଅନ୍ତରାଳରେ ଯେ ଓଡ଼ିଶାର ଅତୀତ ଗୌରବ ବୋଇତ ଯାତ୍ରାର କାହାଣୀ ଜଡ଼ିତ ଏ କଥା ଅସ୍ୱୀକାର କରାଯାଇ ନ ପାରେ।

କବି ମାନସିଂହ ମାନସପଟରେ ତଅପୋଇର କାହାଣୀ ଜୀବନ୍ତ ଥିଲେ ବି, ମାନସିଂହଙ୍କ ସାଧବଝିଅ ତଅପୋଇଠାରୁ ଭିନ୍ନ। ରୋମାଣ୍ଟିକ୍ କବି ମାନସିଂହଙ୍କ ମାନସପଟରେ ପଲ୍ଲୀପ୍ରୀତି, ଅତୀତପ୍ରୀତି, ସୁଦୂର ମୋହ, ମଧ୍ୟଯୁଗୀୟ ସମୃଦ୍ଧିର ଛବି ସବୁବେଳେ ନାଚିଉଠୁଥାଏ। ଯେପରି କି ଉତ୍କଳର ସାମରିକ ବିଭବ, ପ୍ରାଚୀନ ମନ୍ଦିର, ପୁରୁଣା ସଂସ୍କୃତି। ସେ 'ମହାନଦୀରେ ଜ୍ୟୋତ୍ସ୍ନା ବିହାର' କବିତାରେ, 'ବାରବାଟୀ' କବିତାରେ ବା 'କୋଣାର୍କ' କାବ୍ୟ ମାଧ୍ୟରେ ଏକ ସମୃଦ୍ଧ ସୁବର୍ଣ୍ଣ ଯୁଗ ଦେଖିପାରୁଥିଲେ। ଏହା ତାଙ୍କର ମିଡ଼ିଏଭାଲିଜିମ୍ ଧାରା ହୋଇପାରେ। ସେହିପରି ସେ ଦୀର୍ଘ ଷୋହଳବର୍ଷ ଧରି ସ୍ୱର୍ଣ୍ଣାଭ ଅତୀତର ପ୍ରେମିକ-ପ୍ରେମିକାଙ୍କୁ ମନେରଖି କାବ୍ୟ ସମ୍ପୂର୍ଣ୍ଣ କରିଥାନ୍ତେ।

ଉତ୍କଳର ସାଧବ ବୋଇତରେ ଯାତ୍ରାକରି ସାଗର ସେପାରି ଦେଶ ସହିତ ସମ୍ପର୍କ ସ୍ଥାପନ କରିଛି। ଆମ ଦେଶର ପଣ୍ୟଦ୍ରବ୍ୟ ପରିବର୍ତ୍ତେ ସେ ଦେଶରୁ ବୋହିଆଣେ ସୁନା, ରୁପା, ମଣି, ମାଣିକ୍ୟ। ସାଧବମାନଙ୍କ ସମୃଦ୍ଧିରେ ଦେଶ ହୁଏ ସମୃଦ୍ଧ। ଦେଶୀୟ ଜଳଦସ୍ୟୁଙ୍କର ଲୁଣ୍ଠନ, ୟୁରୋପୀୟ ବଣିଜ ତରୀର ଅବାଧ ପ୍ରବେଶ ଆମର ସେ ବାଣିଜ୍ୟ ପରମ୍ପରାକୁ ନଷ୍ଟ କରିଦେଇଛି। ଏପରିକି ସାଧବମାନଙ୍କୁ ସ୍ଥାନୀୟ ରାଜାମାନେ ଯେଉଁ ପୃଷ୍ଠପୋଷକତା କରୁଥିଲେ ତାହା ବି ଦୂର ହୋଇଯାଇଛି। ସାଧବମାନେ ରାଜାଙ୍କୁ ଉପହାର ମାଧ୍ୟମରେ କର ଦେଉଥିଲେ, ଅନ୍ୟ ପକ୍ଷରେ ରାଜାମାନେ ସାଧବଙ୍କୁ ସମ୍ମାନ ଓ ସୁରକ୍ଷା ପ୍ରଦାନ କରୁଥିଲେ।

ସାଧବ ଝିଅ କାବ୍ୟରେ ସେ ପ୍ରକାର ଚଳଣି ନାହିଁ। ରାଜା ଏଠାରେ ଦୁର୍ବଳ,

ରାଜପୁତ୍ର ଅତ୍ୟାଚାରୀ। ସାଧବ ଝିଅର ସାତ ଭାଇ। ସେମାନଙ୍କର ସାତଟି ବୋଇତ। ସେମାନେ ବ୍ୟବସାୟରେ ସମୃଦ୍ଧ।

'ମଣି ମୁକୁତାରେ ବେପାର ଲୀଳା / କେଉଁ ଦରିଆରେ ନ ପଡ଼େ ଛାଇ'

ସାଧବ ଝିଅ କାବ୍ୟରେ ଯେଉଁ ବିଦେଶୀ ସାଧବ କଥା କୁହାଯାଇଛି, ସେ ବି ଏଇ କଳିଙ୍ଗର, ମାତ୍ର ଅନ୍ୟ ଏକ ରାଜ୍ୟର। ସେତେବେଳେ ଭାରତବର୍ଷ ଏପରିକି ଉତ୍କଳ ଅଗଣିତ ଖଣ୍ଡ ଖଣ୍ଡ ରାଜ୍ୟରେ ବିଭକ୍ତ ଥିଲା। ଗୋଟିଏ ରାଜ୍ୟରୁ ଅନ୍ୟ ରାଜ୍ୟକୁ ଗଲେ ବିଦେଶୀ ବୋଲି କୁହାଯାଉଥିଲା।

ବୋଇତରେ ଯାତ୍ରାକରି ସମ୍ପଦ ଅର୍ଜନ ଏତେ ସହଜ କାର୍ଯ୍ୟ ନ ଥିଲା। ଦିନ ଦିନ, ମାସ ମାସ ଧରି କେବଳ ନୀଳ ଜଳରାଶି ମଧ୍ୟରେ ଜୀବନ ବିତାଇବାକୁ ହେଉଥିଲା। ସାଧବପୁଅ ବୋଇତ ଯାତ୍ରାର କଠିନ ଜୀବନ ସମ୍ପର୍କରେ କହିଛି -

"ସାଧବ ପୁଅ ମୁଁ ବୋଇତରେ ମୋ ଜୀବନ / ସାଗର ଲହରୀ ଗଣି ସରେ ଯଉବନ।
ଧ୍ରୁବ ତାରା ଚାହିଁ ଶୁଖଇ ଆଖିର ପାଣି / କାନେ ଚିର କଟୁ ସୁନା-ରୁପା ରୁଣଝଣି।"

କେବଳ ପ୍ରାଚୁର୍ଯ୍ୟ ଭିତରେ ବୁଡ଼ିରହିବା ଜୀବନ ନୁହେଁ, ସାଥୀ ଖୋଜି ସାଥୀ ସହିତ ସୁଖଦୁଃଖ ଆନନ୍ଦ ଭାଗ କରିନେବା ହିଁ ଜୀବନ।

କାବ୍ୟରେ ଚରିତ୍ର ଚିତ୍ରଣ - କବି କାବ୍ୟର ଚରିତ୍ର ମାଧ୍ୟମରେ ନିଜର ଅଭିବ୍ୟକ୍ତି ପ୍ରକାଶ କରିଥାନ୍ତି। କାବ୍ୟ ରଚନା ସମୟରେ କବି ମନ ଭିତରେ ଏକ ଦୃଶ୍ୟପଟ ଦେଖାଦେଇଥାଏ। ତା'ର ଚରିତ୍ରମାନେ ସେଠାରେ ଆତଯାତ ହୋଇ ସେମାନଙ୍କର କ୍ରିୟା-ପ୍ରତିକ୍ରିୟା ଦେଖାଇଥାନ୍ତି। ସାଧବ ଝିଅ କାବ୍ୟରେ ଏକ ନାଟକୀୟ ପରିବେଶ ମଧ୍ୟରେ କବି ମାୟାଧର ମାନସିଂହ ମାତ୍ର ଚାରିଗୋଟି ଚରିତ୍ରର ପରିପ୍ରକାଶ ଘଟାଇଛନ୍ତି - ସାଧବ ଝିଅ, ସାଧବ ପୁଅ, ମାଲୁଣୀ ଓ ରାଜପୁତ୍ର। ଅନ୍ୟ ସହଯୋଗୀ ଚରିତ୍ରମାନେ ସ୍ପଷ୍ଟଭାବରେ ଉପସ୍ଥିତ ହୋଇପାରିନାହାନ୍ତି ଓ ସେମାନଙ୍କ ସମ୍ପର୍କରେ କବି ବିଶେଷ କିଛି ଉଲ୍ଲେଖ କରିନାହାନ୍ତି।

'ସାଧବ ଝିଅ' କାବ୍ୟର ସ୍ଥାନ, କାଳ, ପାତ୍ରର ସ୍ପଷ୍ଟ କିଛି ଉଲ୍ଲେଖ ନାହିଁ। ଦୁଇ ତିନୋଟି ସ୍ଥାନ ନାମ ଯଥା - କଳିଙ୍ଗ, ଚେଲିତୋଳା, ଶ୍ରୀନୀଳାଚଳ ନାମକୁ ଛାଡି ଦେଲେ ଚୋଳ, କାବେରୀ, ବଉଦ ଆଦି ନାମରେ କେବଳ ଉଲ୍ଲେଖ ରହିଛି। ଏ ନାମ ସହିତ ଭୌଗୋଳିକ ବା ଐତିହାସିକ କିଛି ସମ୍ପର୍କ ନାହିଁ। ମୋଟ ଉପରେ ସାଧବ ଝିଅ ଏକ ସାର୍ଥକ ପ୍ରେମ-କାବ୍ୟ। ଏ ପ୍ରେମରେ ସିଧାସଳଖ ପ୍ରେମିକା, ପ୍ରେମିକ, ସଂଯୋଜିକା ଓ ପ୍ରତିନାୟକ ବା ଖଳନାୟକ ବିଦ୍ୟମାନ। ଏ କାବ୍ୟରେ ସାଧବ ଝିଅହିଁ ମୁଖ୍ୟ ଚରିତ୍ର, ତା' ସହିତ ସହଯୋଗିତା କରୁଛି ସାଧବ ପୁଅ। ଦୁଇଟି

ଚରିତ୍ରକୁ ମିଳାଇବାରେ ସାହାଯ୍ୟ କରିଛି ମାଲୁଣୀ। ପ୍ରେମ ସିଧା ସଳଖ ଓ ସହଜରେ ସମ୍ପନ୍ନ ହୋଇଗଲେ, ସେଥିରେ ମାଦକତା ନ ଥାଏ। ପ୍ରେମର ପରିମାପ ହେଉଛି କିଛି କିଛି ବାଧା, କିଛି ସଂଘର୍ଷ। ସେଥିପାଇଁ ଆସିଛି ରଜାପୁଅ ଚରିତ୍ରଟି।

ସାଧବ ଝିଅ - ଏ ଚରିତ୍ର ସାଧବ ଝିଅ କାବ୍ୟର ମୁଖ୍ୟ ଚରିତ୍ର। ଓଡ଼ିଆ ରୀତିକବିମାନେ ଯେପରି ନାୟିକା ପ୍ରଧାନ କାବ୍ୟ ରଚନା କରୁଥିଲେ, ସାଧବ ଝିଅରେ ସେହି ଧାରାର ଛାୟା ଥିଲେ ବି କାବ୍ୟର ଆତ୍ମା ଉପସ୍ଥାପନରେ ଏହା ଅଧିକ ଭାବରେ ଆଧୁନିକ। ନାଟକୀୟ ଭାବରେ ସାଧବ ଝିଅ ବିଚରଣ କରୁଛି ଜନହୀନ ବେଳାଭୂମିରେ, ବିଜନ ବେଳାରେ। ସେ ମନେପକାଇ ଚାଲିଛି ଗତ ତିନିବର୍ଷ ତଳେ ଘଟିଯାଇଥିବା ଏକ ଘଟଣାକୁ। ସେ ସ୍ୱଗତୋକ୍ତି କରୁଛି ନିଜ ସମ୍ପର୍କରେ। ସଉଦାଗରର ସେ ସାତ ଭାଇରେ ସାନଝିଅ, ଯିଏ ସୁବାସିତ ଜଳରେ ସ୍ନାନ କରେ, ଆଉ ହଂସୁଳି ଶେଯରେ ଶୟନ କରେ। କେବଳ ଭାଇମାନେ ନୁହନ୍ତି; ଭାଉଜମାନେ ବି ତା’ ମୁହଁର କଥାକୁ ତଳେ ପକାଇ ଦିଅନ୍ତି ନାହିଁ। ସବୁ ଥାଇ ବ ଗୋଟିଏ ଅଭାବ ତା’ ମନ ପ୍ରାଣକୁ ଅହରହ ବ୍ୟଥିତ କରୁଛି। ସେ ଘଟଣାକୁ ମପେପକାଇ ବିଜନବେଳାକୁ ପଚାରୁଛି। ସେ ଏହି ବେଳାଭୂମିକୁ ଭାଇଙ୍କ ବୋଇତ ବନ୍ଦାଇବାକୁ ଆସିଥିଲା। ସେତେବେଳେ ଆଉ ଗୋଟିଏ ବୋଇତ ଦି ଲଙ୍ଗର ଭିଡ଼ିଥିଲା କୂଳରେ। ବିଦେଶୀ ଯୁବକ ସହିତ ସାଧବ ଝିଅର ଆଖିରେ ଆଖି ମିଶିଗଲା। ବାସ୍ ସେତିକି - ସାଧବ ଝିଅର ହାତରୁ ଖସିପଡିଲା ଚାଉଳ ସରା, ଖସପଡ଼ିଲା ଫୁଲ, ହଳଦୀ। ଲାଜରେ ଜଡ଼ି ସଡ଼ିଗଲା ସାଧବ ଝିଅ -

"ଚିବୁକ ମିଶିଲା ଉରଜେ ଆସି / ପଚାରିଲ ନିଜେ 'ଏ କି ଦେଖିଲି'?"

ସାଧବପୁଅର ନେତ୍ର -ବାଣରେ ଆହତ ହୋଇଯାଏ ସାଧବଝିଅ। ହଁସୁଳି ଶେଯରେ ନିଦ ଆସୁନି, ଚାହିଁଲେ ବା ଶୋଇଲେ ସେଇ ଛବି ଭାସିଉଠୁଛି। ଶୋଇଲାବେଳେ ଆଉ ଜଣକ ପାଇଁ ଆପେ ଆପେ ଥାନଟିଏ ସଜାଡ଼ିରଖେ, ମାତ୍ର ଇଏ କି ପ୍ରମାଦ, ସୁବର୍ଣ୍ଣମୟ ପୁରରେ କି ଶାନ୍ତି? "ମନର ମଣିଷ ନ ମିଳେ ଯଦି / ବୁକୁର ବେଦନା ରହେ ବୁକୁରେ?" ଆଉ ଏକ ଆଶଙ୍କା ସାଧବ ଝିଅକୁ ବେଶି ଘାରୁଛି ଯେ ସେ ଯୁବକ ଫେରିବାରେ ବିଳମ୍ବ ହେଲେ ଚଳିବ, ମାତ୍ର ଯଦି ଆଉ କିଏ ସେ ବାହୁରେ ଢଳିପଡ଼ିବ ତେବେ ସାଧବ ଝିଅ; ସହି ପାରିବ ତ? ବିଜନବେଳା ପ୍ରତି ବାରମ୍ବାର ସ୍ୱଗତୋକ୍ତି କରିଚାଲିଛି ସାଧବ ଝିଅ; କାରଣ ଏକାକୀ ମାଣିକ ଖଟରେ ନିଦ ଆସୁନି ବରଂ ଲୁହ ବହି ବହି ଚାଲିଛି। ସାଧବ ଝିଅ ମନର ଚିତ୍ର ଭିତରେ କବି ଯେକୌଣସି ଯୁବତୀର ମନୋଭାବ ବ୍ୟକ୍ତ କରିଛନ୍ତି। ଏହି ପ୍ରଥମ

କବିତାରେ ଦେହଜ ପ୍ରେମର ନମୁନା ଦେଖାଇ ସାଧବ ଝିଅ କହିଛି - "ତାହାରି ପରଶ ଖୋଜଇ ଦେହ / ଭୁଜ ତା' ମୋ ଦେହ ଭିଡ଼ନ୍ତା ସତେ।" ତୃତୀୟ ଅଂଶରେ ସାଧବ ପୁଅର ଚିନ୍ତାରେ ଘାରିହୋଇଛି ସାଧବ ଝିଅ। ତାର ଅନ୍ତର୍ଦହନ ବଢ଼ି ବଢ଼ି ଯାଇଛି। ଏଠାରେ ସେ ପ୍ରଥମ କରି ତା'ର ମନର ବେଦନାକୁ ମାଲୁଣୀ ଆଗରେ ପ୍ରକାଶ କରିଛି। ମାଲୁଣୀ ମିଳନ ପାଇଁ ପ୍ରଚେଷ୍ଟା କରିବ ବୋଲି ଆଶ୍ୱାସନା ଦେଇଛି।

ସାଧବ ପୁଅ ପାଇଁ ସାଧବ ଝିଅର ମିଳନ କାମନା ତୀବ୍ରରୁ ତୀବ୍ରତର ହେବା ଭିତରେ ପଞ୍ଚମ ପର୍ଯ୍ୟାୟରେ ଉପଗତ ହୋଇଛି ଖଳନାୟକ ବା ପ୍ରତିନାୟକ। ଦୁଷ୍ଟ ରଜାପୁଅ କେବେ ପାରିଧିକି ଯାଉ ଯାଉ ସାଧବ ଝିଅ ନଈ ଘାଟରେ ସଙ୍ଗିନୀ ମେଳରେ ସ୍ନାନ କଲାବେଳେ ଦେଖି ଲୋଭାତୁର ହୋଇପଡ଼ିଛି। ସେ ଝିଅ ଭାଗ୍ୟରେ ଦେଖାଯାଇଛି ଅଘଟଣ। ଜିଦ୍‌ଖୋର ଖଳବୁଦ୍ଧି ରଜାପୁଅର ଆଚରଣ ରଜା ଜାଣନ୍ତି, ଏଣୁ ସେ ସାଧବକୁ ଡକାଇ ବିବାହ ପ୍ରସ୍ତାବ ପକାଇବାରୁ ପ୍ରଥମେ ସାଧବ ରାଜପରିବାରେ ସମ୍ବନ୍ଧ ସ୍ଥାପନ ରାଜଯୋଗ୍ୟ ନୁହେଁ ଏବଂ ପୁଣି ନାହିଁ କରିବାର ଅନ୍ୟ କାରଣ ହେଲା -

"ମାଆ ତା'ର କଥା ଦେଇଛି
ଆଗୁଁ ଶ୍ରୀନୀଳାଚଳେ
ଚେଳିତାଲୁ ପୁର ସାଧବ -
ଶ୍ରେଷ୍ଠୀ ସୁତ ସଙ୍ଗରେ।"

ଏଣୁ ଏ ବିବାହ ସମ୍ଭବ ନୁହେଁ। ଏ କଥା ଶୁଣି ରାଜପୁଅ କ୍ରୋଧରେ ଜିଦ୍ ଧରି କହିଛି -

"ଏ କଥା କାନରେ ପହଂଚୁ
ଗରଜିଲା କୁମାର
ଦେଖିବି କିଏ ସେ ପୁରୁଷ
କେତେ ସାହସ ତା'ର
ମୋ ଆଖି ଆଗରୁ ଘେନି ସେ
ଯିବ ନାରୀ-ମାଣିକ
ସିଂହ ଥାଉ ହେବ କାନନେ
ବିଲୁଆ କି ମାଲିକ।"

ମାନସିଂହ ଉତ୍କଳୀୟ ସାଧବ କନ୍ୟାକୁ ସାହସିନୀ କରିବା ପାଇଁ ଚାହିଁଛନ୍ତି। ଏଣୁ ସେ ସାଧବ ଝିଅ ବିଚଳିତ ହୋଇନି, ବରଂ ନବମ ପର୍ଯ୍ୟାୟରେ ସେ ସାହସର

ସହିତ ନିଜର ପ୍ରେମିକ ଆସିବା ପାଇଁ ମାଲୁଣୀକୁ କହିଛି। ରଜାପୁଅର ଡରରେ ଲୁଚି ଲୁଚି ଆସି ଦେଖାଦେବା ଅପେକ୍ଷା -

"ପୁରୁଷ ପରି ମତେ ଲଢ଼ି ସେ ନେବେ
ଲୋକ ଲୋଚନ ଆଗେ
ଦେବତା ପରି ମତେ ଅଭୟ ଦେବେ
ଚୁଂବି ପ୍ରଣୟ ରାଗେ।"

ପ୍ରେମିକ-ପ୍ରେମିକା ମଧ୍ୟରେ ମିଳନକୁ ମାନସିଂହ ଅନେକ ଉତ୍କଣ୍ଠା ମଧ୍ୟରେ ବିତାଇବାକୁ ଚାହିଁଛନ୍ତି। ଏହା ମଧ୍ୟରେ ଉଭୟଙ୍କ ମଧ୍ୟରେ ପ୍ରେମର ଗଭୀରତା ମାପି ହୋଇପାରିଛି। ଏହି ଉତ୍କଣ୍ଠା ମାଲୁଣୀ ମାଧ୍ୟମରେ ହିଁ ସମାହିତ ହୋଇଛି। ନବମ ପର୍ଯ୍ୟାୟରେ ସାଧବ ଝିଅ ମନରେ ପ୍ରାକ୍ ମିଳନ ସମ୍ପର୍କୀୟ ଗଭୀର ଆବେଗ ଦେଖାଯାଇଛି। ପ୍ରଥମ ସାକ୍ଷାତ୍ କିପରି ହେବ? ପ୍ରିୟର ସନ୍ତୋଷ ପାଇଁ ସେ କ'ଣ କରିପାରିବ? ନିଜକୁ ତାଙ୍କ ଚରଣରେ ଲୀନ କରିନେବାର କାମନା ବି ସେ କରିଛି। ପରେ ଭାବିଛି, ପ୍ରାସାଦରେ ଦାସଦାସୀ ଗହଳରେ ସାଧବ ଝିଅ ଦିନ ବିତାଉଥିବାବେଳେ କିଭଳି ଅଥାନରେ ତା' ପ୍ରେମିକା ସମୟ କଟାଉଛି। ପୁରୁଷର ବଢ଼ିମାରେ ସ୍ତ୍ରୀ ଆନନ୍ଦ ପାଏ। ତା'ର ମନର ମଣିଷ ଯେ ରାଜାର ଥାଟରେ ରହିବା ଦରକାର। ଏଣୁ ସେ ମାଲୁଣୀକୁ କହିଛି -

"ମାଲୁଣୀ, ନେଇଯା' ଲୋ ରତନ ମୁଦି,
କଣ୍ଠୁ ମାଣିକ ହାର,
ରାଜାର ଥାଟେ ତାଂକୁ ରଖିବୁ ବୁଝି,
ସେ ଯେ ରାଜକୁମାର।"

ସାଧବ ପୁଅକୁ ରାଜାର ଥାଟରେ ରଖିବାକୁ ମାଲୁଣୀକୁ ବାର ବାର କରି କହିଛି। ସେ ସୁପୁରୁଷ ଯଦି ଘୋଡ଼ାରେ ଚଢ଼ି ସୁନା ମୁକୁଟ ପିନ୍ଧି ଯାଆନ୍ତେ ତେବେ କେତେ ସୁନ୍ଦର ଦେଖାଯାଆନ୍ତା ସତେ! ସେ ଦୃଶ୍ୟକୁ କେଡ଼େ ସରାଗରେ ବାତାୟନ ପାଖରେ ଦେଖନ୍ତି ବୋଲି ସାଧବ ଝିଅ ଅଭିଳାଷ ପୋଷଣ କରିଛି। ଜଣେ ହିନ୍ଦୁ ନାରୀର ସ୍ୱାମୀହିଁ ଦେବତା, ଇହକାଳ ପରକାଳର ସାଥୀ ସେ। ସେ ଆନନ୍ଦ, ବିଳାସ ସମୟରେ ପତିର ହୃଦୟର ହାର, ବିପଦରେ ଅସ୍ତ୍ର ହେବ ଓ କେବେ ବି ସେ ତାଙ୍କ ଯାତ୍ରା ପଥରେ ଶୃଙ୍ଖଳ ହେବ ନାହିଁ ବୋଲି କହିଛି। ସ୍ୱାମୀଙ୍କ ଅନୁରାଗ ପାଇଲେ ସେ ବିଶ୍ୱରେ କାହାକୁ ଭୟ କରେନା ବୋଲି ମନର କଥା କହିଛି।

ମାଲୁଣୀର ପ୍ରଚେଷ୍ଟାରେ ସାଧବ ପୁଅ ସାଧବ ଝିଅକୁ ଭେଟିଛି ସାଧବ ଝିଅର

ଉପବନରେ। ଏସବୁର ସୂତ୍ରଧାରିଣୀ ମାଲୁଣୀ। ମନ୍ଦିର ଗମନ ଛଳରେ ଉପବନର ଏକ ନିରୋଳା ସ୍ଥାନରେ ଉଭୟଙ୍କର ହୋଇଛି ସାକ୍ଷାତ୍‌। ଏହି ମିଳନ ବିବିଧ ସ୍ତର ଦେଇ ଆଗେଇ ଚାଲିଛି। ମାନସିଂହ ସେ ସମ୍ପର୍କରେ ସୁନ୍ଦର ଭାବରେ ନିଛକ ଚିତ୍ର ପ୍ରଦାନ କରିଛନ୍ତି। ପ୍ରଥମ ଦର୍ଶନରେ ସାଧବ ପୁଅ ଏକ ବହୁମୂଲ୍ୟ ହାର ଉପହାର ଦେଇଛି। ସେମାନଙ୍କର ମିଳନ ଚିତ୍ରକୁ କବି ଏଇ ପ୍ରକାର ବର୍ଣ୍ଣନା କରିଛନ୍ତି।

"ଭୁଜେ ଭୁଜ ଭିଡ଼ାଭିଡ଼ି, ହୃଦେ ହୃଦ ଧରି
ଚରଣେ ଚରଣ ଥାପି ନିବିଡ଼ ସୋହାଗେ
ଚୁମ୍ବନ୍ତି ସେ ପରସ୍ପରେ ଜଗତ ବିସ୍ମରି,
ଛାଡ଼ି ପୁଣି ଚୁଂବି ଦ୍ୟନ୍ତି ଗାଢ଼ ଅନୁରାଗେ।
ଇନ୍ଦ୍ରିୟେ ଇନ୍ଦ୍ରିୟେ ହୁଏ ପ୍ରାଣ ବିନିମୟ
ମୁଖେ ନ ଆସଇ ଭାଷା, ଭରା ଯେ ହୃଦୟ।"

ସାଧବ ପୁଅକୁ ପ୍ରୀତିବନ୍ଧନରେ ବାନ୍ଧିଦେଇଛି ସାଧବ ଝିଅ। ଜଣେ ପକ୍କା ଘରଣୀ ପରି ବିବିଧ ମିଷ୍ଟାନ୍ନଠାରୁ ଆରମ୍ଭ କରି ସୁବାସିତ ପାନ ଆଣି ଯୋଗାଇଦେଇଛି। ଏ ଅଂଶରେ ଉଭୟଙ୍କର ପ୍ରେମ ଦୈହିକ ସମ୍ପର୍କରେ ପରିଣତ ହୋଇଛି। ସାଧବ ଝିଅ ତାଙ୍କୁ ଏକାନ୍ତ ଭାବରେ ପତି ରୂପରେ ଗ୍ରହଣ କରିନେଇଥିଲା। ମାନସିଂହ କାବ୍ୟଟିକୁ ବିୟୋଗାନ୍ତକ କରିବାକୁ ମନସ୍ଥ କରି ଲେଖିଥିବାରୁ ପ୍ରାକ୍ ବିବାହ ପ୍ରେମରେ ଦୈହିକ ସମ୍ପର୍କକୁ ଅତ୍ୟନ୍ତ ନିବିଡ଼ କରିଥିବା ପରି ମନେହୁଏ। ଏପରି ଦୈହିକ ସମ୍ପର୍କ ପରେ ସାଧବ ଝିଅ ପରାମର୍ଶ ଦେଇଛି ତାକୁ ବୋଇତକୁ ନେଇଯିବାପାଇଁ। ଏଇ ସମୟରେ ବି ରାଜ-ଗୁପ୍ତଚରମାନେ ବିଦେଶୀ ସାଧବ ସମ୍ପର୍କରେ ଖବର ପାଇଯାଇଛନ୍ତି।

ଅତ୍ୟଧିକ ପ୍ରୀତିପ୍ରବଣା ସାଧବ ଝିଅ ପରିଣତି ସମ୍ପର୍କରେ କିଛି ଚିନ୍ତା କରିନି। ସାଧବ ପୁତ୍ର ତାକୁ ଘୋଡ଼ାରେ ବସାଇ ନେଇଯିବା ସମୟରେ ଘୋର ବିରୋଧର ସମ୍ମୁଖୀନ ହୋଇଛି। ବାଟରେ ବାଧା ଦେଇଛନ୍ତି ଏକଶହ ପାଇକ ଓ ପାଞ୍ଚଜଣ ଅଶ୍ୱାରୋହୀ। ସାଧବ ପୁଅ ସାହସର ସହିତ ସେମାନଙ୍କ ସହିତ ଲଢ଼ିଲାବେଳେ ସାଧବ ଝିଅ ବି କମ୍ ସାହସ ଦେଖାଇନି। ଉତ୍କଳୀୟ ବୀରାଙ୍ଗନା ଭାବରେ ସେ ତା'ର ବୀରତ୍ୱର ପରାକାଷ୍ଠା ଦେଖାଇଛି। ଯେତେବେଳେ ପାଇକମାନେ ତାକୁ ଅଲଗା କରିନେବା ପାଇଁ ଆଗେଇ ଆସିଛନ୍ତି ପାଇକ ସର୍ଦ୍ଦାରକୁ ଅନେକ ନେହୁରା ହେବା ସହିତ ବହୁମୂଲ୍ୟ ଧନ-ରତ୍ନ ଦେବା ପାଇଁ ସେ କହିଛି। ମାତ୍ର ରାଜାପୁଅ ଭୟରେ ସର୍ଦ୍ଦାର ରାଜି ନ ହୋଇ ଅଲଗା କରିନେଇଛି। ଶେଷ ପର୍ଯ୍ୟନ୍ତ ସାଧବଝିଅର ପ୍ରେମରେ ନିଷ୍ଠା ଦେଖାଦେଇଛି। ଘନ ଅନ୍ଧକାର ରାତିରେ ଯେତେବେଳେ ସାଧବପୁଅ ପ୍ରେୟସୀର

ଗୁଣ ଗାନ କରି କରୁଣ ରାଗିଣିରେ ଅମୁହାଁ ଦୁର୍ଗ ପାଖକୁ ଆସିଛି, ଉପର ହମଲାରୁ ସାଧବ ଝିଅ କହିଛି-

"ଏଇ ଯେ ମୁହିଁ ପ୍ରିୟ       କୋଳକୁ ପୁଣି ନିଅ
କହି ସେ ତନ୍ୱୀ ତଳେ ଖସିଲା।"

ରଜାପୁଅର ସମସ୍ତ ଅନୁରୋଧ ଓ ଆଦେଶ ବନ୍ଦିନୀ ଥିବାବେଳେ ପ୍ରତ୍ୟାଖ୍ୟାନ କରିଥିବା ସାଧବ ଝିଅ ଉପରୁ ଡେଇଁଲେ ପରିଣତି କ'ଣ ହେବ ଜାଣି ବି ନିଜର ଅନ୍ତରଂଗ ସହିତ ମିଳିବା ପାଇଁ ଡେଇଁ ପ୍ରାଣପାତ କରିଛି। ପ୍ରେମପାଇଁ ଚରମ ତ୍ୟାଗ କରିବା ପାଇଁ ସେ ପଛାଇନି।

କବି ମାନସିଂହଙ୍କର ମାନସକନ୍ୟା ସାଧବ ଝିଅ ପ୍ରେମର ନିଷ୍ପାପର ରୂପଟିଏ। ପ୍ରେମ-ଜଗତରେ ତା'ର ତୁଳନା ନାହିଁ। କାବ୍ୟର ସମସ୍ତ ସଂଘର୍ଷ, ସମସ୍ତ ବାଦାନୁବାଦ, ସାଧବ ଝିଅର ମୃତ୍ୟୁ ପରେ ହୋଇଛି ସମାପ୍ତ। ଏ କାବ୍ୟର କେନ୍ଦ୍ରବିନ୍ଦୁ ହେଉଛି ସାଧବ ଝିଅ।

ସାଧବ ପୁଅ - ଡ. ମାନସିଂହଙ୍କ ସାଧବ ଝିଅ କାବ୍ୟର ନାୟକ ହେଉଛି ସାଧବ ପୁଅ। ସେ ଯେ କୌଣସି ନିଷ୍ଠାବାନ ପ୍ରେମିକର ପ୍ରତିନିଧି। ସାଧବ ଝିଅକୁ ସେ ଦେଖିଛି ସାଗର ବେଳାରେ। କେହି କାହାର ପରିଚୟ ଜାଣନ୍ତିନି, କିନ୍ତୁ ଜଣେ ଆଉଜଣକୁ ନିବିଡ଼ ଭାବରେ ଭଲ ପାଇ ବସିଲେ। କେବଳ ସେତିକି ନୁହେଁ, ତିନି ତିନି ବର୍ଷଧରି ଜଣେ ଆଉ ଜଣକୁ ଅନାଇ ବସିଲେ। ଏଇ ତିନିବର୍ଷଧରି ପରସ୍ପରକୁ ଝୁରିହେଲେ। ଗୁଣ କୀର୍ତ୍ତନ କଲେ ସାକ୍ଷାତ୍‌ରେ ଭେଟିବା ପର୍ଯ୍ୟନ୍ତ ପ୍ରେମର ବିବିଧ ଅବସ୍ଥା ମଧ୍ୟଦେଇ। ଏ ପ୍ରେମରେ ଭଲପାଇବା ଅପେକ୍ଷା ଦେହର ଆବଶ୍ୟକତା ବେଶି। ଯେଉଁ କବି 'କମଳାୟନ-କାବ୍ୟରେ କହିଥିଲେ,

"ପ୍ରେମ ନୁହେଁ ଦେହ ଦେହୁ ଭୋଗ ଅନ୍ୱେଷଣ,
ପ୍ରେମ ଏକ ଆତ୍ମା ପ୍ରତି ଅନ୍ୟର ବନ୍ଧନ।"

ସେହି ମାନସିଂହ ତରୁଣ ବୟସରେ ସାଧବ ଝିଅ କାବ୍ୟରେ ଦେହବାଦିତାକୁହିଁ ମୁଖ୍ୟ ସ୍ଥାନ ଦେଇଛନ୍ତି। ସାଧବ ପୁଅ ପ୍ରେମିକାର ଦୁଇ ମାଣିକ ସମାନ ଆଖିକୁ ଭୁଲି ପାରିନାହାନ୍ତି। ବଣିକ ସାଧବ ପୁଅ କେବଳ ସାଧବ ଝିଅକୁ ଦେଖିବା ପାଇଁ ଘାଟରୁ ଘାଟକୁ ବୋଇତ ଭିଡ଼ି ଭିଡ଼ି ଚାଲିଛି। ସାଧବ ପୁଅ କେବଳ ପ୍ରେମିକାର ଆଖିକୁ ଝୁରି ଝୁରି ଦିନ କାଟିଛି। ପ୍ରଥମ ସାକ୍ଷାତରେ ହୁଏତ ସେ ଅପେକ୍ଷା କରି ପ୍ରେୟସୀର ଦେଖାପାଇପାରିଥାନ୍ତା। ମାତ୍ର ସେତେବେଳେ ସାଧବ ପୁଅର ଘରକୁ ଫେରିବାର ସମୟ ହୋଇଯାଇଥିଲା ଏଣୁ -

"ବୋଇତେ ଆସିଲି ଟେକାଇ ଦେଲି ମୁଁ ପାଲ
ସ୍ୱଦେଶ ଫେରିବା ପାଇଁ ହୋଇଥିଲା କାଳ
ସେଇ ଦିନୁ ପ୍ରତି ଘାଟେ ମୁଁ ଖୋଜିଛି ପରା
ସେ ନୟନ ମଣି ଅୟୁତ ମଣିରେ ସାର।"

ଉତ୍କଳୀୟ ସାଧବର ଗରିମା ବଖାଣିବା କବିଙ୍କର ଲକ୍ଷ୍ୟ। ଦୁଃସାଧ୍ୟ ସାଗରଯାତ୍ରା। ଅର୍ଥ ଓ ସମ୍ପଦ ମଧ୍ୟରେ କେବଳ ସମୟ ବିତେ। ସାଧବ ପୁଅର ପିତା ସମଗ୍ର ଦେଶର ଶ୍ରେଷ୍ଠ ସାଧବ। ଘରେ ତା'ର ମଣି-ପ୍ରଦୀପ ଆଉ ସୁନାର ପୀଠ। ଦାସଦାସୀମାନେ ବି ସୁନାଛିଟା ପାଟଶାଢ଼ି ପିନ୍ଧନ୍ତି। ଏସବୁ ଭିତରେ ବି ସାଧବ ପୁଅ କହୁଛି କାହିଁ କିଶୋର ବୟସରେ ପାର୍ବଣରେ ମୋହନ ବେଣୀ ହଲାଇ ଆସିଥିବା କିଶୋରୀକୁ ଦେଖିଥିଲା। ତା'ପରେ ସେ ପିତୃଭକ୍ତ ପୁତ୍ର ଘାଟ ଘାଟ ବୁଲି ସେ କେବଳ ବ୍ୟବସାୟ କରିଚାଲିଛି। ତା' ଜୀବନର ଅନ୍ୟତମ ଦୁଃଖ ହେଲା -

"ଯଉବନ ଗଲା ଅ-ସାଥୀ ସାଗର ପରେ
ସାଥୀ-ଖୋଜା ପ୍ରାଣ ଶମିବ କାହାର ବଳେ?
ଘାଟୁ ଘାଟେ ତରୀ ଭିଡ଼ି ମୋ ଜୀବନ ଗଲା,
ପରାଣ ତରୀ ମୋ ଭିଡ଼ିବ କା ପଦତଳେ?"

ସାଧବ ପୁଅର ବ୍ୟସ୍ତଚଞ୍ଚଳ ଜୀବନରେ ଏକମାତ୍ର ସସ୍ନେହ ଦୃଷ୍ଟି ପାଇଥିଲା ସାଧବ ଝିଅଠାରୁ। ତାକୁ ଖୋଜି ଖୋଜି ସେଇ ନଗର, ସେଇ ସଉଧରାଜି; ଯେଉଁ ସାଗରବେଳା ତଟରେ ଦେଉଳର ପତାକା ଉଡୁଥିଲା, ଏବେ ଆସି ସେଇଠି ପହଁଚିଛି। ତା' ସେଇ ପ୍ରେମିକା ପାଇଁ ଆଣିଛି ନାନା ଉପହାର। କାବେରୀରୁ ଧବଳ ହୀରକ-ହାର, ଚୋଳରୁ କନକ-କୁସୁମମାଳା, ଏସବୁ ଦେଲା ପରେ ତା' ସାଥିରେ ଦାସାନୁଦାସ ସମାନ ତା'ର ତରୁଣ ହୃଦୟକୁ ବି ଉପହାର ଦେବ। କୃଷ୍ଣ ଲୀଳାରେ ପ୍ରେମମୟ କୃଷ୍ଣ ରାଧିକା ପାଇଁ ଯେପରି ନାନାପ୍ରକାର ବେଶ ଧାରଣ କରିଥିଲେ, ସାଧବ ପୁଅ ସେପରି ତା'ର ହସ୍ତକୁ ଶୋଭିତ କରିବାପାଇଁ କାଚରା, ତା'ର ଚରଣ ବଳୟ ନିମିତ୍ତ ସୁନାରି ଓ ପାଦସେବା ନିମନ୍ତେ ନାପିତ ହେବାକୁ ଇଚ୍ଛା କରିଛି। ଏସବୁ ସତ୍ତ୍ୱେ ତା' ମନରେ ପୁଣି ଦ୍ୱନ୍ଦ୍ୱ ଆସିଛି ଯେ ସେ ଚିହ୍ନିପାରିବ ତ? ସେଦିନ ଖାଲି ଆଖିରେ ଆଖି ମିଶିଛି, ଏଥିରେ କେଉଁ ଭରସା ବା ଅଛି? ପୁଣି ସେ ତରୁଣୀର ଏ ନଗରରେ ଥିବା ଆଉ କେଉଁ ତରୁଣ ସହିତ କ'ଣ ସମ୍ପର୍କ ନ ଥିବ? ଏପରି ପ୍ରଶ୍ନ ସାଧବ ପୁଅ ମନରେ ଉଠିଛି।

ସାଧବ ପୁଅ ସାଧବ ଝିଅକୁ ଖୋଜିବା ଅବସ୍ଥାରେ ଭେଟିଛି ମାଲୁଣୀକୁ।

ଓଡ଼ିଆ ମଧ୍ୟଯୁଗୀୟ ସାହିତ୍ୟରେ ମାଲୁଣୀର ଗୁରୁତ୍ୱପୂର୍ଣ୍ଣ ଭୂମିକା ରହିଛି । ଏ କାବ୍ୟରେ ବି ମାଲୁଣୀ ପ୍ରମୁଖ ଭୂମିକା ନେଇଛି । ଦେଶେ ଦେଶେ ବୁଲି ସେ ଏପରି ନାରୀର ଗୁରୁତ୍ୱ ବେଶ୍ ଜାଣେ । ତା' ବେଶ ଓ ଚାଲିରୁ ମାଲୁଣୀ ବୋଲି ଜାଣି କଥାବାର୍ତ୍ତା କରିଛି । ମାଲୁଣୀ ସହଜେ ଚତୁରୀ; ସେ ଉତ୍ତର ଦେଇ କହିଛି 'କି କାମ ଅଛି ? ମୋତେ ତ ସାଧବବାଳା ଚାହିଁଥିବ ।' ଏଭଳି ଉତ୍ତରରେ ସାଧବ ପୁଅ ଅସଲ ସୂତ୍ର ଧରିନେଇଛି । ସେ ନିଜକୁ ବିଦେଶୀ ମାଳାକାର ଭାବରେ ପରିଚୟ ଦେଇ, ନିଜେ ଚମତ୍କାର ମାଳାଗୁନ୍ଥିପାରେ ବୋଲି କହିଛି । ସେ ମାଳାକୁ ନେଇ ସାଧବ ଝିଅ ପାଖରେ ପହଞ୍ଚାଇବାର ପ୍ରତିଶ୍ରୁତି ଦେଇ ମାଲୁଣୀ ସାଧବ ପୁଅକୁ ନିଜ ଘରେ ରଖିଛି ।

ସାଧବ ଝିଅ ସମ୍ପର୍କରେ ସୂଚନା ପାଇଲା ପରେ ସାଧବ ପୁଅର ବିରହ ବେଦନା ବଢ଼ି ବଢ଼ି ଯାଇଛି । ଯାହାକୁ ମନେ ମନେ ଭାବି ଭାବି ଏତେ ସାଗରତଟ ବୁଲିଆସିଛି ତାକୁ ପାଇବାରେ ବିଳମ୍ବ ସହି ହେଉନି । କବି ସାଧବ ପୁଅର ହୃଦୟାବେଗ ପ୍ରକାଶ କରିବାରେ ତତ୍ପର ହୋଇଉଠିଛନ୍ତି । ମାଲୁଣୀ ହାର ଦେଲେ ଯଦି ସେ ଝିଅ ପସନ୍ଦ କରେ ତେବେ ନିଜର ପରିଚୟ ଦେବା ପାଇଁ ସାଧବ ପୁଅ କହିଛି -

"ମାଲୁଣୀ ତୁ ଦିଏ ଏ ମାଳାଟି
ଆଜି ନେଇ କିଶୋରୀକି ତୋର
ଯଦି ତାର ହୋଇବ ପସନ୍ଦ
କହିବୁ ମୁଁ ମାଳୀ କଳିଂଗର ।"

ସାଧବ ପୁଅର ଭାବାବେଗ ଭିତରେ ବି ମାଲୁଣୀ ତା' ହାତର କାରସାଦୀ ଦେଖାଇ ଚାଲିଛି । ଫୁଲହାର ଦେବା ବେଳେ ଝିଅର ଆବେଗ ବି ମାଲୁଣୀକୁ କରିଛି ଆହୁରି ଉତ୍ସାହିତ । ଦୁଇଜଣଙ୍କୁ ସାକ୍ଷାତ୍ କରାଇବା ଭିତରେ ପରସ୍ପରକୁ କରିଛି ସତର୍କ । ଜଣେ ଅନ୍ୟପାଇଁ ପ୍ରାଣ ଦେଇପାରେ ଏଭଳି ପ୍ରତିଶ୍ରୁତି ପାଇବା ପରେ ମାଲୁଣୀ ଆରମ୍ଭ କରିଛି ତା'ର କାର୍ଯ୍ୟ । ପୁଅ ଅପେକ୍ଷା ଝିଅର ମିଳନ ଆକାଂକ୍ଷା ଅଧିକ ଜଣାଯାଉଥିଲେ ମଧ୍ୟ ଲଜ୍ଜାର ଅଳଂକାର ମଧ୍ୟରେ ସାଧବ ଝିଅର ସୌନ୍ଦର୍ଯ୍ୟ ବଢ଼ି ଯାଇଛି । ମାନିନୀର ଲାଜୁଆ ମୁହଁର ପ୍ରକାଶ ପାଇଁ ସାଧବ ପୁଅ ନିଜର ମଣିରତ୍ନ ହାରକୁ କାଢ଼ି ସାଧବ ଝିଅ ଗଳରେ ଲମ୍ବାଇ ଦେଇଛି ।

"ସରମରେ ସୁକୁମାରୀ ନ ଟେକେ ବଦନ
ପାଶେ ଘୁଂଚି ତେଣୁ ଯୁବା ଟେକେ ମୁଖ ତା'ର
ଦ୍ୱିତୀୟା ଚନ୍ଦ୍ରମା ସମ ହସି ତା ଲପନ
ତରଣୀ ଛଟକେ ଘେନି ଯାଏ ଅନ୍ୟ ଆଡ଼େ,

ଦୁଇହାତେ ବନ୍ଦୀ କରି ସାହସୀ ତରୁଣ
ଥାପିଲେ ସେ ମୁଖ ବକ୍ଷେ ଲଜ୍ଜାରେ ଅରୁଣ।"

କ୍ରମେ କ୍ରମେ ସାଧାରଣରୁ ମିଳନ ଗାଢ଼ତର ହେବାକୁ ଲାଗିଲା। ବେଳେବେଳେ କ୍ଳାନ୍ତିର ଛଳନା କରି ଯୁବକ କୋଳରେ ମୃତପକ୍ଷୀ ପ୍ରାୟ ସାଧବ ଝିଅ ଢଳିପଡ଼େ। ପ୍ରେମର ବିବିଧ ରୂପ କବି ବର୍ଣ୍ଣନା କରିବା ଭିତରେ ରାଜ-ଗୁପ୍ତଚର ସେମାନଙ୍କର ସମ୍ପର୍କରେ ଖବର ସଂଗ୍ରହ କରିପାରିଛି। ମାଲୁଣୀଠାରୁ ଏ ପ୍ରକାର ସୂଚନା ପାଇବା ପରେ ସେମାନେ ବୋଇତକୁ ଚାଲିଯିବା ପାଇଁ ଇଚ୍ଛା କରିଛନ୍ତି। ସାଧବ ପୁଅର ବୀରତ୍ୱ ଓ ସାଧବ ଝିଅର ସାହସ ଭିତରେ ସେମାନେ ବାହାରିପଡ଼ିଛନ୍ତି ବୋଇତ ଉଦ୍ଦେଶ୍ୟରେ। ଏ ସମୟରେ ସାଧବ ପୁଅର ବୀରତ୍ୱ ବେଶ୍ ଆଶକର୍ଷୀୟ ହୋଇଛି। ରାଜ-ପାଇକ ଓ ସର୍ଦ୍ଦାର ଝିଅକୁ ଛାଡ଼ିଯିବା ପାଇଁ ବାରମ୍ବାର କହିଛନ୍ତି, ମାତ୍ର ପ୍ରେମିକ ସାଧବ ପୁଅ ପ୍ରାଣପାତ କରିବା ପାଇଁ ପ୍ରସ୍ତୁତ - ମାତ୍ର ଛାଡ଼ିବାର ପ୍ରଶ୍ନ ଉଠୁନାହିଁ ବୋଲି ଉତ୍ତର ଦେଇଛି।

ସାଧବ ପୁଅ ପ୍ରେମିକ ଭାବରେ ନିଜର ପରାକାଷ୍ଠା ଦେଖାଇଛି। ସାଧବ ପୁଅକୁ କ୍ଷତାକ୍ତ କରି ପାଇକମାନେ ଝିଅକୁ ନେଇଗଲାବେଳେ ସେ କେବଳ ଝିଅକୁହିଁ ସ୍ମରଣ କରିଛି। ରାଜାପୁଅ ବୋଇତକୁ ଜାଳିଦେଇଛି, ସାଧବ ଝିଅର ପିତା ଓ ପରିବାର ଉପରେ ଅତ୍ୟାଚାର କରିଛି। ବଣ ମଧ୍ୟରେ ଏକ ଅମୁହାଁ ଦୁର୍ଗରେ ସାଧବ ଝିଅକୁ ବନ୍ଦୀକରି ରଖାଯାଇଛି। ଅଖିଆ ଅପିଆ କ୍ଷତାକ୍ତ ଶରୀରେ ସାଧବପୁଅ ଖୋଜିବୁଲିଛି ସାଧବ ଝିଅକୁ। ସାଧବ ପୁଅର କରୁଣ ଗୀତରେ ପରିବେଶ ହୋଇଉଠିଛି କରୁଣତର। ଘନ ଅନ୍ଧକାର ମଧ୍ୟରେ ଖୋଜି ଖୋଜି ସେ ଯାଇ ପହଞ୍ଚିଛି ଅମୁହାଁ ଦୁର୍ଗ ପାଖରେ। ତା' ଜୀବନର କରୁଣ ରାଗିଣୀ ଯାଇ ପହଞ୍ଚିଛି ସାଧବ ଝିଅ ନିକଟରେ। ଖୋଲି ଯାଇଛି ବାତାୟନ। ବେଦନାଜର୍ଜରିତ କଣ୍ଠ ଶୁଣି ବନ୍ଦୀଶାଳାର ଝରକା ଖୋଲି ସାଧବ ଝିଅ ଡେଇଁପଡିଲାବେଳେ କହିଛି -

"ଏହି ଯେ ମୁହିଁ ପ୍ରିୟ        କୋଳକୁ ପୁଣି ନିଅ
କହି ସେ ତନ୍ୱୀ ତଳେ ଖସିଲା।"

ଉପରୁ ଖସିପଡ଼ି ସାଧବ ଝିଅ କରକା ପ୍ରାୟ ମିଳାଇଯାଇ ପ୍ରାଣତ୍ୟାଗକଲା। ପ୍ରେମିକାର ମୃତ ଶରୀରକୁ କୋଳରେ ଜାକିଧରି ଘନ ଘନ ଚୁମ୍ବନ ଦେଇ, ନିବିଡ଼ ଭାବରେ ପ୍ରେମିକାର ମୃତ ଶରୀରକୁ କୋଳରେ ଜାକିଧରି ଘନ ଘନ ଚୁମ୍ବନ ଦେଇ, ନିବିଡ଼ ଭାବରେ କୋଳାଗ୍ରତ କରି, ପ୍ରେମିକା ସାଥିରେ ଆରପୁରରେ ମିଳନ ଆଶାରେ ସାଧବପୁଅ ପ୍ରାଣତ୍ୟାଗ କରିଛି। ଏକାନ୍ତ ଭଲପାଇବାର ନିଷ୍ଠା ଭିତରେ ସାଧବ ପୁଅର

ପ୍ରାଣପାତ ଘଟିଛି। ପ୍ରେମିକ କବି ମାନସିଂହ ବିୟୋଗାନ୍ତକ କାବ୍ୟ ମଧ୍ୟରେ ସାଧବ ପୁଅ ଓ ସାଧବ ଝିଅର ପ୍ରେମ କାହାଣୀ ସମାପନ କରିଛନ୍ତି। ପ୍ରେମ ପାଇଁ ଆତ୍ମୋତ୍ସର୍ଗ ସାଧବ ପୁଅ ଚରିତ୍ରର ବୈଶିଷ୍ଟ୍ୟ।

**ମାଲୁଣୀ-** ମଧ୍ୟଯୁଗୀୟ କାବ୍ୟ ପରମ୍ପରାରେ ପ୍ରେମିକ-ପ୍ରେମିକାର ମିଳନ ପାଇଁ ମାଲୁଣୀ ଏକ ଅପରିହାର୍ଯ୍ୟ ଚରିତ୍ର। ମାଲୁଣୀ କେବଳ ଫୁଲ ବିକେନା, ସେ ଯୁବତୀମାନଙ୍କୁ ନାନା ସାଂସାରିକ ବିଦ୍ୟା ଶିକ୍ଷା ଦାନ କରିଥାଏ। ରାଜକନ୍ୟାମାନଙ୍କୁ ମନକଥା ବୁଝି ସେମାନଙ୍କର ଅଳିଅର୍ଦ୍ଦଳି ବୁଝିବା ପାଇଁ ରାଣୀ ମହାରାଣୀଙ୍କର ସମୟ ନ ଥାଏ। ଦାସଦାସୀମାନେ ସେମାନଙ୍କର ସେବା କରନ୍ତି ମାତ୍ର ସେମାନଙ୍କର ଆଚାର ବିଚାର ମନର କଥା ବୁଝିବା ପାଇଁ ମାଲୁଣୀ ଚରିତ୍ରର ଥାଏ ବିଶେଷ ଭୂମିକା। ଏପରିକି ରାଜନଅରର ଅନେକ ମାଲୁଣୀ ଚରିତ୍ରର ବୈଶିଷ୍ଟ୍ୟ ହେଉଛି ସେ ବିଶ୍ୱସ୍ତା। ଦାସଦାସୀମାନଙ୍କ ମଧ୍ୟରେ ଦେଖାଦେଇଥିବା ହୀନମନ୍ୟତା ମାଲୁଣୀ ପାଖରେ ନ ଥାଏ। ଅନେକ ସ୍ଥାନରେ ମାଲୁଣୀ ଯୁବକ-ଯୁବୀତୀକୁ ପ୍ରେମ ବନ୍ଧନରେ ବାନ୍ଧିବାରେ ସାହଯ୍ୟ କରେ। ସବୁ କାବ୍ୟକାର ମାଲୁଣୀ ଚରିତ୍ରକୁ ବିଶେଷ ସ୍ଥାନ ଦେଇଥାନ୍ତି। ମାଲୁଣୀ ମାନନୀୟା, ସମ୍ମାନନୀୟା, ସେ କେବେ ବିଶ୍ୱାସଘାତକ କାମ କରିପାରେନା- ଏ ଧାରଣା ମଧ୍ୟଯୁଗୀୟ ଓଡ଼ିଆ କବିମାନଙ୍କର ଥିଲା। କବି ମାନସିଂହ ବି ସେହି ଧାରାକୁ ନିଜ କାବ୍ୟରେ ପ୍ରମାଣିତ କରିଛନ୍ତି - ମାଲୁଣୀର ରୂପ ବର୍ଣ୍ଣନାରେ ବି କବି ସେ ପୁରୁଣା ଧାରାକୁ ଫୁଟାଇ ପାରିଛନ୍ତି -

"ମୁଣ୍ଡରେ ଝରାକାଠି ଖୋଷାରେ ଖୋସା<br>
ପାଦରେ ଝୁଂପା ଭରି ଦେଇଛି ଯୋଷା।<br>
ପୃଥୁଳ ବାହୁ ଭରି କୁଟିଛି ଚିତା<br>
ନୟନେ ଖଂଜରୀଟ ହୋଇଛି ପୋଷା।"

ମାଲୁଣୀର ଗୋଟିଏ ନାକରେ ନାକଚଣା, ଆର ନାକରେ ନୋଥ, ନାକ-ଦଣ୍ଡିର ଝଲକା ଆସି ଓଠରେ ବାଜୁଛି, ଲାଲ ବିଡ଼ିଆରେ ଓଠ ଲାଲ, ନାନା ଜାତି ପାନ ଗାଲରେ ଜାକି ଚଲୁଛି ମାଲୁଣୀ। ଓଡ଼ିଆଣୀ କାବ୍ୟନାୟିକା ପରି କପାଳର କଳାଚିତା ଉପରେ ଟିକିଲି, ମହଣ ଦେଇ ମାଂଗ କାଢ଼ିଛି, ତରଂଗାୟିତ କେଶରେ ଚମକ ସୃଷ୍ଟି କରିଛି। କେବଳ ସେତିକି ନୁହେଁ, ମାଲୁଣୀର ବାହୁରେ ତାଡ଼, ପୁଣି ସେ ନାଇଛି ପାହୁଡ଼ ଓ ବଳା। ତା'ର ଚାଲିରେ ସରଣୀ କଂପିଉଠେ, ପାଦମୁଦିର କମ୍ପନରେ ଧରଣୀର ନିଦ ବି ଭାଙ୍ଗିଯାଏ। ତା'ର ଚାଲିରୁ ନଗର ଝିଅମାନେ ଚଳନର କଳା ଶିଖିଥାଆନ୍ତି। କାବ୍ୟର ଚତୁର୍ଥ ପର୍ଯ୍ୟାୟରେ ମାଲୁଣୀର ରୂପ, କାର୍ଯ୍ୟ

ଓ ଚରିତ୍ର ସମ୍ପର୍କରେ ବ୍ୟାପକ ଭାବରେ ବର୍ଣ୍ଣନା କରାଯାଇଛି। ନଗରରେ ସମସ୍ତଙ୍କର ସେ ଆପଣାର, ସମସ୍ତଙ୍କର ମନବରାଦ ସେ ପୂରଣ କରେ। ସେ କୋମଳ ହୃଦୟା ମାଲୁଣୀ -

"କାହାକୁ ନାହିଁ ବୋଲି କହଇ ନାହିଁ,
ହସି ଚତୁରୀ କହେ ଆଣିବା ପାଇଁ
କାମିନୀ ମନ ସେ ତ ବୁଝିଛି ଭଲେ
ଭୁଲାଇ ରଖିଥାଏ ଆଶା ଦେଖାଇ।"

ସେ କେବେ କାହାର ମନ ଭାଙ୍ଗିନି। କାମ ଥାଉ ବା ନ ଥାଉ ସେ ଦାଣ୍ଡରେ ଗଲାବେଳେ କିଶୋରୀମାନଙ୍କର ଗବାକ୍ଷ କୋଣରୁ ଡାକରା ଆସେ। ସକଳ ନଗରବାଳା ଯେପରି ତାକୁ ଅହରହ ଖୋଜୁଥାନ୍ତି। ବହୁ କିଶୋରୀର ବୁକୁ ତଳର ଗୋପନ କଥାକୁ ସେ ନିଜ ଭିତରେ ଗୋପନ ରଖେ। କବିଙ୍କ ଭାଷାରେ -

"ସକଳ ରୂପସୀର ମନକୁ ଧରି
ମାଲୁଣୀ କିଣି ଅଛି ସାରା ନଗରୀ
ତରୁଣ ତରୁଣୀଙ୍କୁ ରଖିଛି ହାତେ
ତା ନାମେ ତାଙ୍କ ବୁକୁ ଉଠଇ ଥରି।"

ନଗରର ସକଳ କିଶୋରୀ ମଧ୍ୟରେ ସେ ଶ୍ରେଷ୍ଠ, ସେ ସାଧବ ଝିଅ, ମାଲୁଣୀ ତା'ର ସେବାକାରୀ। ଅତି ଯତ୍ନରେ ତା'ର ଜୁଡ଼ା ବାନ୍ଧିଦିଏ। ବଗିଚା ଭିତରେ ସବୁଠାରୁ ଭଲ ଫୁଲରେ ତିଆରି ସବୁଠାରୁ ଭଲ ମାଳା ତା' ପାଇଁ ତିଆରିକରେ। ଅତି ଶରଧାରେ ତା' ଗଭା ସଜାଇଦିଏ। ସାଧବ ଝିଅର ଲବଣୀ ପିତୁଳା ଶରୀର, ଚିକ୍‌କଣ କେଶରାଜି, ସୁକୋମଳ ଅଙ୍ଗଲତା ସବୁକୁ ଅତି ସନ୍ତର୍ପଣରେ ସଜାଇଦିଏ। ସାଧବ ଝିଅର ମନବେଦନା ସେ ଜାଣିଛି। ଏପରି ସମୟରେ ଦିନେ ପରଦେଶୀ ସାଧବ ପୁଅ ସହିତ ମାଲୁଣୀର ହୋଇଛି ଭେଟ। ସେ ରୂପବନ୍ତ ଯୁବକ ମାଲୁଣୀ ସହିତ କଥାବାର୍ତ୍ତା ହୋଇଛି। ମାଲୁଣୀ ନିଜର ଚାତୁରୀରେ ଉତ୍ତର ଦେଇଛି -

"ଖାଲି କି ଫୁଲ ବିକେ ? ଲଗାଏ ରଶି
ଏ ଫୁଲ ଦେଇ ଯୁବା ଯୁବତୀ ହୃଦେ,
କୁସୁମ ହାରେ କେତେ ହୃଦୟ କଷି।"

ନଗରର ସକଳ ତରୁଣ-ତରୁଣୀଙ୍କ ମନର ବିପଣୀ ତା'ର ପସରା ବୋଲି ସାଧବ ପୁଅକୁ କହିଛି। ନିଜର ପରିଚୟ ଦେଲା ପରେ, ସାଧବ ଝିଅ ତାକୁ ଚାହିଁବସିଥିବ ବୋଲି କହିଲା ବେଳେ ସାଧବ ପୁଅ ତା'ର ଅଭିଳାଷ ବ୍ୟକ୍ତ କରିଛି। ସେ ଜଣେ

ମାଳାକାର, କବରୀ ସଜାଇବା ପାଇଁ ସୁନ୍ଦର ମାଳା ସେ ତିଆରି କରିପାରିବ ବୋଲି ପରିଚୟ ଦେବାରୁ ମାଲୁଣୀ ନେଇ ତାକୁ ନିଜ ଘରେ ରଖିଛି।

ମାଲୁଣୀ ପୂର୍ବରୁ ସାଧବ ଝିଅର ମନର ବେଦନା ଜାଣିଛି - ଏବେ ସାଧବ ପୁଅ ଭାବରେ ବିଦେଶୀ ମାଳାକାରର ମନର ବେଦନା ଜାଣି ଆଉ ସହିପାରିନାହିଁ। ମନ ମଧ୍ୟରେ ଉଭୟଙ୍କୁ ମିଳାଇବାର ବାସନା ରଖିଥିଲେ ବି ସେମାନଙ୍କ ଭିତରେ ଉତ୍କଣ୍ଠାକୁ ବଢ଼ାଇ ବଢ଼ାଇ ଚାଲିଛି। ନୂତନ ମାଳାଟି ନେଇ ସାଧବ ଝିଅକୁ ଦେଲାବେଳେ ଝିଅ ମନରେ ଦେଖାଦେଇଛି ଏକ ଅଭିନବ ଭାବ। ସେ ଏହି ନୂତନ ମାଳାର ନିର୍ମାତା କିଏ ବୋଲି ପଚାରିଲାବେଳେ ମାଲୁଣୀ ଉତ୍ତର ଦେଇଛି, "ସଞ୍ଜେ ବଗିଚାରେ କାଲି ଦେଖିବୁ ସେ କୁମର" କହି ଫେରିଆସିଛି। ପରବର୍ତ୍ତୀ ସଂଯୋଜନା ଅତି ଚମତ୍କାର ଭାବରେ ସମାହିତ କରିଛି ମାଲୁଣୀ। ସେ ଜାଣିଛି ଯୁବକ-ଯୁବତୀର ପ୍ରେମ ଏକ ବଢ଼ନ୍ତା ନଈ। କେତେବେଳେ ଯେ ବନ୍ଧବାଡ଼ ଭାଙ୍ଗିଦେବ ତା'ର କିଛି କଳନା ନାହିଁ। ସାଧବ ଝିଅ ଅଚୁମ୍ବିତ କୁସୁମ, ତାକୁ ଭୋଗକରିବ ଅତି ସାବଧାନ ଭାବରେ। କାରଣ -

"ପୁରୁଷ ମନ
ଭ୍ରମର ସମ
ଫୁଲରୁ ଫୁଲ ଉଡ଼େ,
ନୂତନ ଆଶେ
ମୋହରେ ପଶେ
ଖଟରୁ ଖଟକୁ ଡ଼େ।"

ହେ ସାଧବ ପୁଅ, ତୁ ସାବଧାନ ଥିବୁ, କାରଣ ରମଣୀ ତା'ର ପ୍ରେମରେ ଏକ ଅଲଗା ଜଗତ ସୃଷ୍ଟି କରେ। ରମଣୀ ହେଉଛି କୁହୁକିନୀ, ମାତ୍ର ତାକୁ ପ୍ରୀତି ପ୍ରଦାନ କଲେ ସେ ଏକାହିଁ ସହସ୍ର ମାୟାବିନୀ ହୋଇପାରେ। ତାକୁ ଠିକ୍ ଭାବରେ ଚଳାଇବାକୁ ହେବ। ଅନ୍ୟପକ୍ଷରେ ନାରୀ ହେଉଛି ବୀଣା, ସେ ପୁରୁଷ ହାତରେ ବାଜିବାକୁ ଚାହେଁ। ତାକୁ ଠିକ୍ ଭାବରେ ବଜାଇପାରିଲେ ସେଥିରୁ ଅଶେଷ ଗୀତର ଝଙ୍କାର ମିଳିପାରିବ। ମାଲୁଣୀର ଚତୁରତା ଓ ଜ୍ଞାନ ଗରିମାକୁ ଦେଖାଇବା ପାଇଁ ଲେଖକ ନାନା ଉପଦେଶ ପ୍ରଦାନ କରାଇଛନ୍ତି। ମାଲୁଣୀର ସ୍ନେହସିକ୍ତ ମାତୃହୃଦୟର ପରିଚୟ ବି ଏଠାରେ ମିଳି ପାରିଛି। ଉଭୟଙ୍କର ପ୍ରୀତି ନଦୀର ସଂଯୋଗକାରିଣୀ ଭାବରେ ମାଲୁଣୀ ସହାୟତା କରିଛି। ମାଲୁଣୀ ମାଧ୍ୟମରେ ସାଧବ ପୁଅ ଉପବନରେ ସାଧବ ଝିଅ ସହିତ ମିଳିତ ହୋଇଛି। ସେମାନଙ୍କ ମିଳନ ଅବାଧରେ ସମାହିତ

ହେବା ପାଇଁ ମାଲୁଣୀ ଜଗିରହିଛି । ମାଲୁଣୀର ସହାୟତାରେ କିଛି ଦିନ ଚାଲିଛି ଏପରି ଲୀଳା । କାବ୍ୟର କଥାବସ୍ତୁ ଚରମ ସୀମାରେ ପହଞ୍ଚିଲା ପରେ ଆରମ୍ଭ ହୋଇଛି ପତନ । ଏମାନଙ୍କର ମିଳନ ସମ୍ପର୍କରେ ରାଜ-ଗୁପ୍ତଚର ଖରବ ପାଇବା କଥାହିଁ ପ୍ରଥମେ ମାଲୁଣୀ ଜଣାଇଛି । ତା'ପରେ ପ୍ରେମିକ ପ୍ରେମିକା ଚାହିଁଛନ୍ତି ବୋଇତକୁ ଫେରିଯିବାକୁ । ଏକ ଅନ୍ଧକାର ରାତିରେ ଦୁର୍ଗାସ୍ମରଣ କରି ପ୍ରେମୀଯୁଗଳ ପଳାୟନ ପାଇଁ ପ୍ରସ୍ତୁତ ହେଲାବେଳେ – 'ପାଦେକଲା ବିଶ୍ୱସ୍ତା ସେ ମାଲୁଣୀ ଜୁହାର'ରେ କବି ମାଲୁଣୀ ଚରିତ୍ରର ବୈଶିଷ୍ଟ୍ୟ ଦେଖାଇଛନ୍ତି । ମାଲୁଣୀର ମାତୃହୃଦୟ ଓ ବାତ୍ସଲ୍ୟ ସ୍ନେହର ଚିତ୍ର କବି ପ୍ରଦାନ କରିଛନ୍ତି ।

"ମାଲୁଣୀଟା କାଂଦେ ଉଚ୍ଚେ ପୁଷ୍କରିଣୀ ଘାଟେ
ଶୁଣି ଠିଆ ହେଉଛନ୍ତି ଯିବାଲୋକ ବାଟେ,
'କାଣୀ କୁଜୀ ଘର କରି ରହନ୍ତି ସୁଖରେ
ସୁନାକାଠି ମୋର ମଲା ଏତେ କଲବଲେ ।"

ଏପରି ଘଟିଯାଇଥିବା ବିଭିନ୍ନ ଘଟଣାର କଥା ବାହୁନି ମାଲୁଣୀ ବିଳାପ କରିଛି । ସର୍ବତ୍ର ମାଲୁଣୀ ହୃଦୟରେ ବନ୍ଧୁ, ସଖା, ମାତୃହୃଦୟର ମମତା ଦେଖାଯାଇଛି ।

ପ୍ରାଚୀନ ସାହିତ୍ୟରେ ମାଲୁଣୀ ଚରିତ୍ରରେ ଯେଉଁ ବୈଶିଷ୍ଟ୍ୟ ଦେଖାଯାଇଥିଲା କବି ମାନସିଂହ ଏଠାରେ ତାହା ପ୍ରତିପାଦନ କରିପାରିଛନ୍ତି । ରୀତି ସାହିତ୍ୟରେ ନାୟିକାର ବେଶସଜ୍ଜା ଓ ସେବାକାରିଣୀ ଭାବରେ ମାଲୁଣୀ ଚରିତ୍ର କ୍ରମେ ଗୌଣ ହୋଇଯାଏ । କବି ମାନିସିଂହ ଏଠାରେ ଇଚ୍ଛାକରି ମାଲୁଣୀ ଚରିତ୍ରର ବୈଶିଷ୍ଟ୍ୟ ପ୍ରଦର୍ଶନ କରାଇଛନ୍ତି । ମାଲୁଣୀ ଅନନ୍ୟା, ଅତୁଳନୀୟା । ପର ପାଇଁ ସ୍ନେହ, ଶ୍ରଦ୍ଧା ବାଣ୍ଟିବାରେ ଏକ ଆଦର୍ଶ ଚରିତ୍ର ଭାବରେ ମାନସିଂହ ତାକୁ ପ୍ରତିପାଦିତ କରାଇଛନ୍ତି ।

**ରଜାପୁଅ-** ସାଧବ ଝିଅ କାବ୍ୟର ଖଳନାୟକ ରଜାପୁଅ । ତା' ମାଧ୍ୟମରେ ଅବକ୍ଷୟ ରାଜପରିବାରର ଚିତ୍ର ଅର୍ପଣ କରିଛନ୍ତି ମାନସିଂହ । ସେ କେଉଁ ରାଜ୍ୟ ବା ତାଙ୍କର ନାମ କ'ଣ ସେ ସମ୍ପର୍କରେ କବି କିଛି ସୂଚନା ବି ଦେଇନାହାନ୍ତି । ମୋଟ ଉପରେ ସେ ଏକ ହୀନବଳ, ପ୍ରଜାପୀଡ଼କ, ଅତ୍ୟାଚାରୀ ରାଜପରିବାରର ପ୍ରତିନିଧି; ଯେଉଁଠି ରଜା ଜଣେ ନାମକୁମାତ୍ର ଶାସକ, ମଲାସାପ, ଯାହାର ଫଣା ଉଠାଇବାରେ ବି ସାଧ୍ୟ ନାହିଁ । କିନ୍ତୁ ପ୍ରଜାଙ୍କ ରାଜସ୍ୱ ଓ ଧନରେ ବିଳାସରେ ବର୍ଦ୍ଧିତ ରାଜକୁମାରମାନଙ୍କର ଅତ୍ୟାଚାର ପ୍ରଦର୍ଶନ ପାଇଁ ଏ ଚରିତ୍ର । ଗୋଟିଏ ସ୍ୱରରେ

ମାନସିଂହ କହନ୍ତି, 'ରଜା ପୁଅ ବଡ଼ ହଟିଆ' ଅଥର୍ବ ରଜାଙ୍କର ସାତଟି ରାଣୀ ମଧ୍ୟରେ ସେ ଗୋଟିଏ ମାତ୍ର ପୁଅ। ସେ ଏତେ ସେରନ୍ତା ଯେ କେଉଁ ଖରାପ କାମ ସେ ନ କରିପାରେ ତାହା କଳ୍ପନା କରିହେବନାହିଁ। ତା' ଖିଆଲ ଅତି ଅଦ୍‌ଭୂତ -

"ଗର୍ଭିଣୀକୁ ଚିରି ଦେଖିଛି
ଶିଶୁ ଖେଳେ କିପରି,
ଅଟ୍ଟାଳିରୁ ଫିଙ୍ଗି ମନିଷ
ଦେଖେ ପତନ-ଶିରୀ।"

ତା'ର ଅତ୍ୟାଚାରରେ ସମସ୍ତେ ତ୍ରସ୍ତ। ରାଜ-କଟୁଆଳ ପ୍ରଜାର ସୁରକ୍ଷା କ'ଣ କରିବ ସେମାନେ ନିଜେ ବି ରଜାପୁଅକୁ ପାପର ଆହାର ଯୋଗାଇଦିଅନ୍ତି। ସେଥିପାଇଁ ସକଳ କୁଳବାଳା ସନ୍ତ୍ରସ୍ତ। ସେ ରଜାପୁଅ ଥରେ ପାରଧିକୁ ଯାଉ ଯାଉ ସଙ୍ଗିନୀମାନଙ୍କ ସଙ୍ଗରେ ସ୍ନାନରତା ଅପରୂପା ସୁନ୍ଦରୀ ସାଧବ ବାଳାକୁ ଦେଖିଛି। ସେ ଜିଦ୍ କରିଛି ସାଧବ ଝିଅକୁ ବିବାହ କରିବାପାଇଁ। ପୁତ୍ର ସ୍ନେହରେ ଅନ୍ଧ ରଜା ସାଧବକୁ ଡକାଇଛନ୍ତି ପୁତ୍ରର କାମନା ପୂରଣ କରିବାପାଇଁ। ବିବାହ ପ୍ରସ୍ତାବରେ ସାଧବ ଅମଙ୍ଗ ହୋଇଛି। ପ୍ରଥମତଃ, ସାଧବ ରାଜପରିବାରରେ ବନ୍ଧୁ କରିବା ପାଇଁ ଯୋଗ୍ୟ ନୁହେଁ, ଦ୍ୱିତୀୟତଃ ସାଧବାଣୀ ଚେଲିତୋଳାପୁର ସାଧବ ଶ୍ରେଷ୍ଠୀଙ୍କ ପୁଅ ସହିତ ବିବାହ ପାଇଁ ପୂର୍ବରୁ ଶ୍ରୀନୀଳାଚଳରେ ଶପଥ କରିଛି। ସେଠାରୁ ବୋଇତ ଆସିଛି। ଏ ମଲା କାଳରେ କାହିଁକି ଶପଥ ଭଗ୍ନ କରିବି ବୋଲି ସାଧବ ଉତ୍ତର ଦେଲାବେଳେ, ଅତ୍ୟାଚାରୀ ରାଜପୁତ୍ର ଗର୍ଜନ କରିଛି। କାହାର ସାହସ ଅଛି, କିଏ ଏପରି ପୁରୁଷ ସେ -

"ମୋ ଆଖି ଆଗରୁ ଘେନି ସେ
ଯିବ ନାରୀ-ମାଣିକ,
ସିଂହ ଥାଉ ହେବ କାନନେ
ବିଲୁଆ କି ମାଲିକ?"

କବି ରଜାପୁଅ ଚରିତ୍ର ମାଧ୍ୟମରେ ଅଥର୍ବ ଶାସନ, ଅତ୍ୟାଚାରୀ ଉଚ୍ଛୃଙ୍ଖଳ ରାଜ ବ୍ୟବସ୍ଥା ପ୍ରଦର୍ଶନ କରିବାକୁ ଚାହିଁଛନ୍ତି। ରଜାପୁଅ ସାଧବ ଝିଅର ଚାଲିଚଳନ, ଗତିବିଧି ଉପରେ ଦୃଷ୍ଟି ରଖିବାକୁ ଏକଶହ ପାଇକ ନିଯୁକ୍ତ କରିଛି। ସଜାଗ ପ୍ରହରୀଙ୍କ ଦୃଷ୍ଟି ଅନ୍ତରାଳରେ ସାଧବ ଝିଅ ଓ ସାଧବ ପୁଅର ହୋଇଛି ମିଳନ। କିଛିଦିନ ବିତିଗଲା ପରେ ଯେତେବେଳେ ସେମାନେ ଏ ମିଳନ ସମ୍ପର୍କରେ କିଛି ଖବର ପାଇଛନ୍ତି ଓ ବୋଇତକୁ ପଳାୟନ ପାଇଁ ଚେଷ୍ଟା କରିଛନ୍ତି, ସେତେବେଳେ ରଜାପୁଅ ସେମାନଙ୍କୁ ବାନ୍ଧିଆଣିବାକୁ ଆଦେଶ ଦେଇଛି। ଏବଂ କହିଛି - "ଆଜ୍ଞା ଅଛି ଟୋକୀଟାକୁ ନାହିଁ

କର ଟାଣଟୁଣ।" ପାଇକ ଓ ଅସ୍‌ବାରଙ୍କ ମିଳିତ ସହଯୋଗରେ ସାଧବ ପୁଅକୁ ଆଘାତ କରି ଯେତେବେଳେ ଝିଅକୁ ଜବରଦସ୍ତ ନେଇଯାଉଛନ୍ତି, ସେତେବେଳେ କରୁଣ କଣ୍ଠରେ ଝିଅ କହିଛି - "ଶୁଣ ବାବା ସରଦାର, ନିଅ ମୋର ହୀରାନୀଳା ବହୁମୂଲ୍ୟ କଣ୍ଠ ହାର, ତାଙ୍କ ପାଖ ଛାଡ଼ି ମତେ ନିଅନାହିଁ।"

ସେତେବେଳେ ରଜାପୁଅର ଭୟଙ୍କର ଚରିତ୍ର ସମ୍ପର୍କରେ ସର୍ଦ୍ଦାର କହିଛି - "ଆଜ୍ଞା ନାହିଁ," 'ମୁଣ୍ଡ ଯିବ'। ତା'ପରେ ପାଇକମାନେ ସାଧବ ପୁଅକୁ ଆଘାତ କରି ସାଧବ ଝିଅକୁ ବନ୍ଦୀ କରି ଅମୁହାଁ ଗଡ଼ରେ ନେଇ ରଖିଛନ୍ତି। ଗଡ଼ର ଉପରତାଲାରେ ଅନ୍ଧାରୁଆ ନିର୍ଜନ ଘର କୋଣରେ ପଡିରହିଛି ସାଧବ ଝିଅ। ଯେଯାଏ ସେ ବିବାହ ପାଇଁ ନ ମଙ୍ଗିଛି ସେତେଦିନ ଯାଏ ତା'ର ମୁକ୍ତି ନାହିଁ ବୋଲି' ଆଦେଶ କରିଛି ରଜା ପୁଅ। ସେ କିପରି ନିଷ୍ଠୁର, ହୃଦୟହୀନ ଓ ଏକଜିଦିଆ ତା'ର ବର୍ଣ୍ଣନା କରିଛନ୍ତି ମାନସିଂହ।

"ଦିନକେ ଥରେ ଖାଲି ଚେଟିଏ ଯାଇ ପାଶେ
ମାଗଇ ଅଙ୍ଗିକାର ସରାଗେ
ଲୋକରେ ଶୁଣାଶୁଣି ଫେରଇ ସେ ବିଚାରି
ପ୍ରହାର ଖାଇ ନିତି ବିରାଗେ।"

କ୍ଷତାକ୍ତ ସାଧବ ପୁଅ ଖୋଜିଖୋଜି ଅନ୍ଧାର ରାତିରେ କରୁଣ ରାଗିଣୀ ଶୁଣାଇବା ଓ ସାଧବ ଝିଅ ଉପରୁ ଡେଇଁପଡି ପ୍ରାଣପାତ କରିବା ତଥା ତା'ର ଶବକୁ ଆଲିଙ୍ଗନ କରି ସାଧବ ପୁଅ ପ୍ରାଣତ୍ୟାଗ କରିବା ଭିତରେ ରଜାପୁଅର ରଙ୍ଗିନ ସ୍ୱପ୍ନ ଭାଙ୍ଗିଯାଇଛି। କାବ୍ୟର ବର୍ଣ୍ଣନାରୁ ଜଣାଯାଏ ବୋଧହୁଏ ସାଧବ ଝିଅ ବନ୍ଦୀଥିବା ଅମୁହାଁ ଗଡ଼ ନିକଟରେ ରଜାପୁଅ ବି ଜଗିକରି ରହୁଥିଲା, ନଚେତ୍ ଯେତେବେଳେ ସାଧବ ଝିଅ ଡେଇଁପଡିଛି ଓ ସାଧବ ପୁଅ ପ୍ରାଣତ୍ୟାଗ କରିଛି, ସେତେବେଳେ ରଜା ପୁଅ ଆସି ଦେଖିପାରିଥାନ୍ତା କିପରି ?

"ଶବଦ ଶୁଣି ନିଦେ ଚକିତେ ଉଠି ସର୍ବେ
ଆସିଲେ ଘେନି ହାତେ ମଶାଲ,
ରଜାର ପୁଅ ମିଳି ଦେଖନ୍ତି କୋଳାକୋଳି
ଦୁଇଟି ଶବ ପ୍ରୀତି ରସାଳ।"

ସାଧବ ପୁଅ ଓ ସାଧବ ଝିଅର ପ୍ରେମର ନିବିଡ଼ତା ଦେଖାଇବାହିଁ କବିଙ୍କର ମୂଳ ଲକ୍ଷ୍ୟ। ସେମାନଙ୍କର ପ୍ରୀତିର ପରଖ ପାଇଁ ରାଜପୁତ୍ର ଚରିତ୍ରର ଅବତାରଣା। ଅତୀତରେ ଦେଖାଦେଉଥିବା ଅନେକ ଖିଆଲୀ ରଜାପୁଅର ଏ ଗୋଟିଏ ନମୁନା

ମାତ୍ର। ମାନସିଂହ ଏହି ଚାରୋଟି ପ୍ରମୁଖ ଚରିତ୍ର ବ୍ୟତୀତ ଆଉ କେତୋଟି ଚରିତ୍ର ଯଥା - ରଜା, ସାଧବ ଓ ସାଧବାଣୀ। ଏମାନଙ୍କର କାର୍ଯ୍ୟ କେବଳ ନାମୋଲ୍ଲେଖ ହୋଇଛି ମାତ୍ର ସେମାନେ ସମ୍ମୁଖକୁ ଆସିବାର ସୁଯୋଗ ପାଇନାହାନ୍ତି।

**ଉପସଂହାର-** 'ସାଧବ ଝିଅ' କାବ୍ୟ କବିଙ୍କର ଛାତ୍ରାବସ୍ଥାରେ ଆରମ୍ଭ ଓ ଦୀର୍ଘ ଷୋହଳବର୍ଷ ପରେ ଏ କାବ୍ୟର ପରିସମାପ୍ତି। ଏହି ସମୟ ମଧ୍ୟରେ କବିଙ୍କ ଜୀବନରେ ଘଟିଯାଇଚି ନାନା ଘଟଣା। ଶିକ୍ଷା ସମାପ୍ତି, ବେକାରି ଜୀବନ, ବିଭିନ୍ନ ସ୍କୁଲରେ ଶିକ୍ଷକତା, ବିଦେଶଯାତ୍ରା, ବିଦେଶରୁ ପ୍ରତ୍ୟାବର୍ତ୍ତନ, ଚାକିରି ଅନ୍ୱେଷଣ, ପୁଣି ବେକାରି ଜୀବନ ଆଦି ଅନେକ ଅନେକ କଥା। ଏହି ସମୟ କାଳ ମଧ୍ୟରେ ବି କେବେ କବିଙ୍କ ଲେଖନୀ ବନ୍ଦ ହୋଇନି, ବିରାମ ଚାହିଁନି। ପାଠପଢ଼ାଠାରୁ ଜୀବନର ଅନ୍ତିମ କାଳ ପର୍ଯ୍ୟନ୍ତ ସାହିତ୍ୟିକ ବିବାଦ ବି କେବେ ତାଙ୍କୁ ଛାଡ଼ିନି। ସେ ପାଇକପୁଅ, ଲଢ଼ିବାକୁ ବି ପଛାଇ ନାହାନ୍ତି। ଜୀବନରେ ବହୁବାର କ୍ଷତାକ୍ତ ହୋଇଛନ୍ତି ସେ, ମାତ୍ର ଯାହା ଉଚିତ ଭାବିଛନ୍ତି ସେ କାମରେ ଆଗେଇ ଯାଇଛନ୍ତି। ଛାତ୍ରାବସ୍ଥାରୁ ସେ ସବୁବେଳେ ସ୍ୱପ୍ନରେ ଦେଖିଛନ୍ତି ସମୃଦ୍ଧ ଉତ୍କଳର। ୧୯୨୯ରେ ମହାନଦୀରେ ଜ୍ୟୋତ୍ସ୍ନାବିହାର କବିତାରେ କବି ଏ ହତଶିରୀ ତଥା ଅଭିଶପ୍ତା ଉତ୍କଳ ନାଆଁକୁ ଅସ୍ୱୀକାର କରିଛନ୍ତି କାରଣ ଯାହାର ମନ୍ଦାକିନୀ ସମାନ ନଦୀ, ଶିବ ସମ ଗିରି, କାନନ କେଦାର ଯା'ର ଶୋଭାର ଭଣ୍ଡାର, ଯାହାର ସ୍ୱର୍ଗୀୟ ସୁଷମା କବିଙ୍କୁ ମୁଗ୍ଧ କରେ - ସେ କିପରି ବିଶ୍ୱାସ କରିବେ ଯେ ସେ ରାଜ୍ୟରେ ଦୁର୍ଦ୍ଦିନ ଅଛି ଓ ଅନ୍ନର ଅଭାବ ଲାଗିରହିଛି। କବି ସେତେବେଳେ ପୁଣି ଭାବିଛନ୍ତି - ଆଉ କ'ଣ ଏ ଦୁର୍ଗ ପୁଣି ମୁଣ୍ଡ ଟେକିବନି ? ବୋଇତ ଆଉ ମଣି ମୁକ୍ତା ଧରି ଫେରିବନି ? ଏଇଭଳି ମଧ୍ୟଯୁଗୀୟ ସମୃଦ୍ଧି କିମ୍ବା ପଲ୍ଲୀ କୋଳର ଶାନ୍ତି ଅହରହ ଖୋଜିଛନ୍ତି କବି ମାନସିଂହ। ଏହିପରି ସେ ଲେଖିଛନ୍ତି 'ବାରବାଟୀ' କବିତା ଓ 'କୋଣାର୍କ' ଭଳି କାଳଜୟୀ କବିତା। ଏହି ପ୍ରୟାସର ଏକ ଧାରାହିଁ 'ସାଧବ ଝିଅ' କାବ୍ୟ। ବିଭିନ୍ନ ସମୟରେ କବିତା ଆକାରରେ ପ୍ରକାଶିତ ହୋଇଥିବାରୁ ଏ କାବ୍ୟରେ ଅନେକତ୍ର ସଂହତି ରହିପାରିନି। କାବ୍ୟରେ ଅନେକତ୍ର ସ୍ଥାନ, କାଳ, ପାତ୍ରର ବୁଝାମଣା ଠିକ୍ ହୋଇପାରିନି। ଗୋଟିଏ ପଲକରେ ବା ଗୋଟିଏ ଝଲକରେ ନେତ୍ର ବିନିମୟ କରିଥିବା ପ୍ରେମୀଯୁଗଳ ଠିକ୍ ପରିଚୟ ନ ପାଇ ତିନିବର୍ଷ ପର୍ଯ୍ୟନ୍ତ ଅପେକ୍ଷା କରିବା। ଫେରିଆସିଥିବା ସାଧବ ପୁଅ ଯେ ତିନିବର୍ଷ ତଳର ସେହି ଯୁବକ ଏଭଳି ସ୍ଥିର ପ୍ରମାଣ ପାଇଁ ପରିବେଶ ସୃଷ୍ଟି କରାଯାଇପାରିନି। ରଜା ପୁଅ ସାଧବ ଝିଅକୁ ଦେଖିବା ପରେ ବିବାହ ପାଇଁ କହିବା ଓ ସାଧବ ପ୍ରସ୍ତାବ ପ୍ରତ୍ୟାଖ୍ୟାନ କରି ଚେଲିତୋଳାପୁରର ବୋଇତ ଆସିଛି ସେଠାରେ ସନ୍ଧାନ କରିବା

କଥା କହିଥିଲେ ବି ତା'ର ଗତି ସମ୍ପର୍କହୀନ ହୋଇପଡିଛି। ମାଲୁଣୀର ପ୍ରଥମ ପରିଚୟରେ ସେ ଯୁବତୀ ପରି ଲାଗେ, ମାତ୍ର ତିନିବର୍ଷ କାବ୍ୟ ବ୍ୟବଧାନ ମଧ୍ୟରେ ସେ ଲାଗେ ଯେପରି ଅତ୍ୟନ୍ତ ପୋଖତ ବୟସର ବା ବୃଦ୍ଧା। ଏଭଳି କେତେକ ଅସଙ୍ଗତି ଦୃଷ୍ଟିଗୋଚର ହୁଏ। ଏହାର ଉତ୍ତରରେ ଏତିକି ମାତ୍ର କୁହାଯାଇପାରେ ଯେ, ଏ ଦୀର୍ଘ ବ୍ୟବଧାନରେ ରୋମାଣ୍ଟିକ କବି କାବ୍ୟର ପରିସମାପ୍ତି ପାଇଁ ବ୍ୟସ୍ତ ହୋଇପଡ଼ିଛନ୍ତି। ଏ ସମ୍ପର୍କରେ କବି ମାନସିଂହଙ୍କର ଲିଖିତ ବହିର ମୁଖବନ୍ଧ ବିଶେଷ ପ୍ରଣିଧାନଯୋଗ୍ୟ। "କଲେଜରେ ଛାତ୍ର ଥିବା ସମୟରେ ପ୍ରଥମେ 'ସାଧବ ଝିଅ' କବିତାଟି ଲେଖିଥିଲି ଏବଂ ଉତ୍କଳ ସାହିତ୍ୟରେ ତାହା ପ୍ରକାଶିତ ହେବା ପରେ ତାହା ଅନେକ ପାଠକଙ୍କର ଚିତ୍ତ ରଞ୍ଜନ ହେବାର ଜାଣି ବହୁ ଉତ୍ସାହିତ ହୋଇ ପରେ ମାଲୁଣୀ ଓ ସାଧବ ପୁଅ ନାମକ ଦୁଇଟି କବିତା ଲେଖିଥିଲି। କିନ୍ତୁ ପରେ ପରେ ଭାଗ୍ୟଚକ୍ରର ଆବର୍ତ୍ତନ ଫଳରେ ଦୀର୍ଘ ଚଉଦବର୍ଷ କାଳ ବିଳପନ୍ତୀ ସାଧବ ଝିଅର ଭାଗ୍ୟ କି ହେଲା, ମୁଁ ତା' ପଚାରିବାକୁ ଅବସର ପାଇନି। ଏବେ କିନ୍ତୁ କବିର ନିଜ ସୃଷ୍ଟି ପ୍ରତି ସହଜାତ ମମତାଦ୍ୱାରା ଚାଳିତ ହୋଇ ଦୀର୍ଘ ବ୍ୟବଧାନ ପରେ - ଏ କାବ୍ୟକୁ କୌଣସି ମତେ ଶେଷ କରି ସାଧବ ଝିଅ ଭାଗ୍ୟର ଗୋଟାଏ ନିଷ୍ପତ୍ତି କରିନେଇଛି।"

କବି ମାନସିଂହ 'କୌଣସି ମତେ ଶେଷ କରିବା' ନିଷ୍ପତ୍ତିହିଁ ସ୍ଥାନ-କାଳ-ପାତ୍ରର ସଂହତି ରକ୍ଷାରେ ସମ୍ଭବହୋଇନି। ତଥାପି କାବ୍ୟସୌନ୍ଦର୍ଯ୍ୟ, ବର୍ଣ୍ଣନାଶୈଳୀ ଓ ପାତ୍ରମୁଖୀ ବାର୍ତ୍ତା ପ୍ରୟୋଗକୁ ବିଚାରକୁ ନେଲେ ସାଧବ ଝିଅ ଡକ୍ଟର ମାୟାଧର ମାନସିଂହଙ୍କର  ଏକ କାଳଜୟୀ ସଫଳ ସୃଷ୍ଟି।

୨୦୦୬ **ଡକ୍ଟର ଶ୍ରୀଚରଣ ମହାନ୍ତି**

କଟକ

# ମନ୍ତବ୍ୟ

ଓଡ଼ିଶାର ବିଶିଷ୍ଟ ପ୍ରକାଶକ ସଂସ୍ଥା 'ଗ୍ରନ୍ଥ ମନ୍ଦିର' ଡକ୍ଟର ମାୟାଧର ମାନସିଂହଙ୍କ ବିଭିନ୍ନ ପୁସ୍ତକର ପ୍ରକାଶକ। ଡଃ ମାନିସଂହଙ୍କ ଜୀବଦ୍ଦଶାରେ ୧୯୬୨, ୧୯୬୪ ଓ ୧୯୭୩ ମସିହାରେ ତାଙ୍କ ଗ୍ରନ୍ଥାବଳୀର ତିନୋଟି ଖଣ୍ଡ ପ୍ରକାଶିତ ହୋଇଯାଇଥିଲା। କବିପତ୍ନୀ ଶ୍ରୀମତୀ ହେମଲତା ମାନସିଂହଙ୍କ ଆଗ୍ରହ ଯୋଗୁ ୧୯୯୪ ମସିହାରୁ ନୂତନ ଭାବେ ମାନିସଂହଙ୍କ ସମଗ୍ର ରଚନା ବିଭିନ୍ନ ଖଣ୍ଡରେ ପ୍ରକାଶିତ ହେଉଅଛି।

ଡଃ ମାନସିଂହଙ୍କ ପରଲୋକ ଗମନ ପରେ ବିଭିନ୍ନ ପ୍ରକାଶନ ସଂସ୍ଥା, ଅନୁଷ୍ଠାନ ଓ ବ୍ୟକ୍ତିବିଶେଷଙ୍କ ଉଦ୍ୟମରେ ଆଲୋଚନା ପୁସ୍ତକ ପ୍ରକାଶିତ ହୋଇଅଛି। ଏହା ଅତ୍ୟନ୍ତ ଆନନ୍ଦର କଥା। ମାତ୍ର ଏ ପୁସ୍ତକଗୁଡ଼ିକରୁ କେତେକ ପୁସ୍ତକରେ ଏତେ ତଥ୍ୟଗତ ଭୁଲ୍ ରହିଛି ଯେ, ଏହା ଗବେଷକ ଓ ଛାତ୍ରଛାତ୍ରୀମାନଙ୍କୁ ବିଭ୍ରାନ୍ତ କରୁଅଛି। ଏହା କିନ୍ତୁ ଆମ ସାହିତ୍ୟ ପାଇଁ ଶୁଭ ଲକ୍ଷଣ ନୁହେଁ। ଏହି ଅସୁବିଧାକୁ ଲକ୍ଷ୍ୟକରି ଆମ ପ୍ରକାଶନ ସଂସ୍ଥା ମାନସିଂହ ଗ୍ରନ୍ଥାବଳୀର ପ୍ରାମାଣିକ ସଂସ୍କରଣ ପ୍ରକାଶ କରିବାର ଯୋଜନା କରିଥିଲା। ସେତେବେଳେ ଶ୍ରୀମତୀ ହେମଲତା ମାନସିଂହ ଓ ପ୍ରକାଶକ ଶ୍ରୀ ଅଭିରାମ ମହାପାତ୍ର ମାନସିଂହ ସାହିତ୍ୟର ବିଶିଷ୍ଟ ଗବେଷକ ଡକ୍ଟର ଶ୍ରୀଚରଣ ମହାନ୍ତିଙ୍କୁ ଅନୁରୋଧ କରିଥିଲେ। ଡକ୍ଟର ମହାନ୍ତି ମାନସିଂହ ଗ୍ରନ୍ଥାବଳୀ ଓ ମାନସିଂହଙ୍କ ଲୋକପ୍ରିୟ ପୁସ୍ତକାବଳୀର ପ୍ରାମାଣିକ ସଂସ୍କରଣ ପାଇଁ ଅଗ୍ରସର ହୋଇଆସିଛନ୍ତି। ସେ ମାନସିଂହଙ୍କ ସମଗ୍ର ରଚନା ସଂଗ୍ରହ ଓ ସମ୍ପାଦନା କରି ଏହା ୨୫ ଖଣ୍ଡରେ ଶେଷ ହେବ ବୋଲି ଅଟକଳ କରିଛନ୍ତି। ସେ ମଧ୍ୟରୁ ଛଅ ଖଣ୍ଡ ପ୍ରକାଶିତ ହୋଇ ସାରିଛି ଓ ଅନ୍ୟଖଣ୍ଡ ଶୀଘ୍ର ପ୍ରକାଶ ପାଇବାର କାର୍ଯ୍ୟ ଆଗେଇ ଚାଲିଛି।

ସାଧବ ଝିଅ ସେହି କାର୍ଯ୍ୟକ୍ରମର ଏକ ଅଂଶ ବିଶେଷ।

ଏ ପୁସ୍ତକର ସମ୍ପାଦକ ଡକ୍ଟର ଶ୍ରୀଚରଣ ମହାନ୍ତି, ମାନସିଂହ ସାହିତ୍ୟର ଜଣେ ବିଶିଷ୍ଟ ଗବେଷକ। ସେ ୧୯୭୫, ୧୯୭୬ ଓ ୧୯୭୮ରେ ମାନସିଂହ ପୁରସ୍କାର ଲାଭ କରିଥିଲେ। 'ମାନସିଂହ ମାନସ' ଓ 'ଚିନ୍ତାନାୟକ ମାନସିଂହ' ମାୟାଧର ମାନସିଂହଙ୍କ ସମ୍ପର୍କରେ ଦୁଇଟି ପ୍ରାମାଣିକ ଗ୍ରନ୍ଥ। ସେ ମାନସିଂହଙ୍କ ସମ୍ପର୍କରେ ଗବେଷଣା କରି ଉତ୍କଳ ବିଶ୍ୱବିଦ୍ୟାଳୟରୁ ପି.ଏଚ୍‌ଡି. ଲାଭକରିଛନ୍ତି। ୧୯୭୫ ମସିହାରୁ ନିରବଚ୍ଛିନ୍ନ ଭାବେ ସେ ମାନସିଂହଙ୍କ ସମ୍ପର୍କରେ ସଂଗ୍ରହ, ସମୀକ୍ଷା ଓ ସମ୍ପାଦନାରେ ମନୋନିବେଶ କରିଆସିଛନ୍ତି। ଡ. ମହାନ୍ତି ଏକାଧାରରେ ଜଣେ ଗୀତିକାର, ପ୍ରାବନ୍ଧିକ ଓ ଶିଶୁ ସାହିତ୍ୟିକ। ସେ ତିନିଥର ଜାତୀୟ ସ୍ତରରେ ପୁରସ୍କୃତ ହୋଇଛନ୍ତି। ସଂପ୍ରତି ସେ ଜାତୀୟକବି ବୀରକିଶୋର ସରକାରୀ କଲେଜର ଓଡ଼ିଆ ବିଭାଗରେ ରିଡର ଭାବେ କାର୍ଯ୍ୟରତ।

ଡ. ମାନସିଂହଙ୍କର 'ସାଧବ ଝିଅ'ର ଏହି ସମ୍ପାଦିତ ସଂସ୍କରଣ ପାଠକ, ଗବେଷକ ଓ ଛାତ୍ରଛାତ୍ରୀମାନଙ୍କ ସାହାଯ୍ୟରେ ଆସିଲେ ଆମ ଶ୍ରମ ସାର୍ଥକ ହେବ ବୋଲି ଆଶା। ଏହି ସମ୍ପାଦନା କାର୍ଯ୍ୟ ପାଇଁ ଆମେ ଡ. ମହାନ୍ତିଙ୍କୁ ଗଭୀର କୃତଜ୍ଞତା ଜଣାଉଛୁ।

୨୦୦୬ **ମନୋଜ କୁମାର ମହାପାତ୍ର**

ଗ୍ରନ୍ଥ ମନ୍ଦିର

www.ingramcontent.com/pod-product-compliance
Lightning Source LLC
Chambersburg PA
CBHW031128080526
44587CB00011B/1146
*9781645600664*